高校体育教学研究与实践

杨 迁 李明国 何 岸 著

吉林文史出版社

图书在版编目（CIP）数据

高校体育教学研究与实践 / 杨迁，李明国，何岸著
. -- 长春：吉林文史出版社，2024.4
ISBN 978-7-5752-0186-5

Ⅰ.①高… Ⅱ.①杨… ②李… ③何… Ⅲ.①体育教
学 – 教学研究 – 高等学校 Ⅳ.① G807.4

中国国家版本馆 CIP 数据核字 (2024) 第 091684 号

高校体育教学研究与实践

GAOXIAO TIYU JIAOXUE YANJIU YU SHIJIAN

出 版 人：张 强
著 者：杨 迁 李明国 何 岸
责任编辑：刘姝君
出版发行：吉林文史出版社
电 话：0431-81629359
地 址：长春市福祉大路5788号
邮 编：130117
网 址：www.jlws.com.cn
印 刷：长春市华远印务有限公司
开 本：710mm×1000mm 1/16
印 张：10.5
字 数：170千字
版 次：2025年1月第1版
印 次：2025年1月第1次印刷
书 号：ISBN 978-7-5752-0186-5
定 价：58.00元

前　言

体育在高校教育中扮演着重要的角色，不仅有助于学生身体健康的维护，还培养了他们的团队合作能力、领导力和自律等重要品质。高校的体育教学不仅仅关乎运动技能的传授，更涉及了运动的教育意义、教学方法和体育精神的传承。因此，研究高校体育运动技能与教学是非常重要的，旨在提高教育质量，培养出全面发展的学生。

随着社会的不断进步和发展，高校体育教育面临着新的机遇和挑战。技术的进步为体育教学提供了更多可能性，同时，社会上人们也越来越重视健康和体育。在这个背景下，我们需要不断探讨和研究如何更好地教授运动技能，培养学生的体育素养，以及如何将体育教育与学术教育有机结合起来。

本书旨在深入探讨高校体育运动技能与教学的各个方面，包括教育理念、教学方法、教材编写、教练员培训等。我们将分析现有的研究成果，结合实际案例和经验，提出一些创新性的思考和建议，希望能够为高校体育教育的改进和发展贡献一些有价值的观点和思路。希望通过本书的研究，能够促进高校体育教育不断创新和提高，为培养健康、全面、有活力的青年一代做出贡献。我们也期待着与各位同人共同探讨、研究和分享有关高校体育运动技能与教学的经验和成果。

作者在写作本书的过程中，借鉴了许多前辈的研究成果，在此表示衷心的感谢。由于本书需要探究的层面比较深，作者对一些相关问题的研究不透彻，加之写作时间仓促，书中难免存在一定的不妥之处，恳请前辈、同行以及广大读者斧正。

目　　录

第一章　高校体育教学理论 ……………………………………………… 1

　第一节　高校体育教学理论概述 ……………………………………… 1

　第二节　高校体育教学目标与任务 …………………………………… 7

　第三节　高校体育教学内容与方法 …………………………………… 13

　第四节　高校体育教学评价与质量保障 ……………………………… 18

第二章　高校体育教学的教育技术 …………………………………… 25

　第一节　高校体育教学中的教育技术应用 …………………………… 25

　第二节　在线学习平台与远程教育 …………………………………… 30

　第三节　体育模拟软件与虚拟实境技术 ……………………………… 36

　第四节　高校体育教学中的数字化资源 ……………………………… 39

第三章　高校体育教学的课程设计 …………………………………… 46

　第一节　体育课程设计的原则与流程 ………………………………… 46

　第二节　高校体育课程的内容与结构 ………………………………… 51

　第三节　跨学科课程与综合能力培养 ………………………………… 57

第四章　高校教师与运动技能教学 …………………………………… 63

　第一节　高校教师角色与素质要求 …………………………………… 63

第二节　高校教师的运动技能教学策略 ………………………… 69

第三节　高校教师的反馈与评估方法 …………………………… 75

第四节　高校体育教师的继续教育与专业发展 ………………… 79

第五章　高校体育教材与资源 …………………………………… 84

第一节　体育教材的选择与开发 ………………………………… 84

第二节　多媒体教材与在线资源 ………………………………… 89

第三节　实验教学与教学设施 …………………………………… 96

第四节　体育教材的可持续利用与更新 ………………………… 103

第六章　高校体育教师的专业发展与培训 ……………………… 108

第一节　高校体育教师的专业发展需求 ………………………… 108

第二节　高校体育教师的职业发展路径 ………………………… 113

第三节　高校体育教师的培训与认证 …………………………… 120

第四节　高校体育教师的继续教育与研究 ……………………… 125

第七章　高校体育教学的挑战与改革 …………………………… 131

第一节　高校体育教学的发展现状 ……………………………… 131

第二节　学生需求与多样性 ……………………………………… 137

第三节　教育技术与在线教育 …………………………………… 145

第四节　教育政策与体育课程改革 ……………………………… 152

参考文献 …………………………………………………………… 161

第一章　高校体育教学理论

第一节　高校体育教学理论概述

一、体育教学的概念和基本特征

（一）体育教学的概念

体育教学是指在学校体育教育中，通过有计划、有组织、有目的地进行体育锻炼，引导和培养学生体育运动技能，增强学生的体育知识和体育意识，提高学生身体素质和心理素质。体育教学旨在培养学生的体育兴趣和爱好，提高学生的运动能力和综合能力，培养学生的健康行为，促进学生身心健康发展。

（二）体育教学的基本特征

1.全面性

体育教学不仅仅是单纯地传授运动技能，更重要的是全面培养学生的身体素质、技能水平和综合能力。在体育课堂上，教师应该注重培养学生的多方面能力，而不仅是某一项技能的提高。通过体育教学，学生得以全面发展，不仅在运动技能上有所提高，而且在身心健康上得以提升。身体素质是人体各项机能的综合表现，包括力量、速度、耐力、灵敏度等多个方面。通过体育教学活动，可以有效地提高学生的身体素质，使他们更加健康、更强壮。

技能水平是指学生在某项运动项目上的表现水平，包括动作的规范性、灵活性、速度等。通过系统地训练和指导，学生的技能水平可以得到有效提高，使他们在体育运动中表现得更加出色。体育教学要注重培养学生的综合能力。综合能力是指学生在运动中所表现出来的综合素质，包括心理素质、协调能力、团队合作能力等。通过各种团体活动和比赛，可以有效地培养学生的综合能力，使他们在团队合作中更加出色。

2.循序渐进性

在体育教学中，循序渐进地进行教学可以更好地符合学生的认知发展水平和身体发展特点，有效提高教学效果。通过逐步提高教学难度，使学生在体育学习中逐步掌握体育技能，提高锻炼兴趣，增强自信心，实现全面发展的目标。不同年龄段的学生对体育运动的认知水平不同，因此教师应该根据学生的认知水平合理设置教学目标和内容，使学生更易于理解和接受。循序渐进的教学方法，使学生逐步提高对体育运动的理解和认知水平。循序渐进性要求体育教学要根据学生的身体发育特点进行教学。不同年龄段的学生身体发育水平不同，教师应该根据学生的身体特点设置适合他们的教学内容和方法。使学生在运动中逐步提高身体素质，增强体质。在教学过程中，教师应该根据学生的学习情况逐步提高教学难度，使学生在掌握基本技能的基础上，提高技能水平。循序渐进的教学方法，可以使学生逐步提高体育运动的技能水平，实现其全面发展的目标。

3.实践性

体育教学强调实践操作，注重培养学生的实际动手能力，通过实践活动提高学生的运动技能水平。在体育教学中，理论知识和实践操作相结合，可以更好地帮助学生理解运动规律，提高运动技能，培养动手能力，增强学生对体育运动的兴趣，实现学生全面发展的目标。体育运动是一项实践性很强的活动，学生只有通过实践操作才能真正掌握运动技能。在体育教学中，教师应该开展丰富多彩的实践活动，让学生亲自实践，体验运动的乐趣，进而提高学生的实际动手能力。

实际动手能力是指学生在实践操作中所表现出来的动手能力，包括动作的规范性、灵活性、速度等。通过实践活动的训练，学生的实际动手能力得以有效提高，使他们在体育运动中表现更加出色。实践性要求体育教学要通过实践活动提高学生的运动技能水平。运动技能是学生在体育运动中所表现出来的技能水平，包括各种运动项目的技术动作、战术技能等。通过反复练习和实践操作，学生的运动技能水平可以得到有效的提高，使他们在体育运动中表现更加出色。

4.趣味性

学生在体育教学中的学习兴趣直接影响他们的学习效果。因此，体育教学应注重激发学生的学习兴趣和参与热情，通过寓教于乐的方式，增加学生对体育教学内容的兴趣和理解。在体育教学中，教师应该根据学生的兴趣特点，设计生动有趣的教学内容和活动，吸引学生的注意力，使学生在愉快的氛围中学习体育知识和技能，提高学习效果，实现全面发展的目标。

学生在体育教学中的积极参与是学习成功的关键。教师应该通过游戏、竞赛、趣味活动等各种方式，激发学生的参与热情，使他们积极投入体育活动中，提高他们的学习效果，增强他们的学习成就感。

5.适应性

体育教学要根据学生的年龄、性别、体质等特点，灵活调整教学内容和方法，使之适应不同学生群体的需求，实现全面发展的目标。

不同年龄段的学生对体育运动的理解能力、动手能力、身体素质等方面有着明显的差异，教师应该根据不同年龄段学生的特点，设计适合他们的教学内容和方法，使之易于理解和接受，提高学习效果。

男女生在体育运动方面有着不同的特点和需求，教师应该根据学生的性别特点，设计适合他们的教学内容和方法，使之更加符合他们的体育兴趣和特长，提高他们的学习积极性和效果。

不同学生的体质状况有着明显的差异，教师应该根据学生的体质特征，设计合适的教学内容和方法，使之既能够提高学生的身体素质，又能够保护学生的健康，达到全面发展的目的。

6.终身性

体育教学不仅是为了短期内提高学生的体育水平，更重要的是要培养学生终身参与体育运动的意识和习惯，使之成为一种生活方式，促进身心健康。在体育教学中，教师应该注重培养学生的终身体育意识，引导他们树立正确的体育观念，促使他们养成长期坚持体育运动的习惯，从而实现全面发展的目标。终身体育意识是指学生认识到体育运动对身心健康的重要性，愿意并能够终身参与体育运动。通过体育教学，教师应该引导学生树立正确的体育观念，认识体育运动对身体和心理的益处，培养他们终身参与体育运动的意识。

终身参与体育运动是一种健康的生活方式，可以促进身心健康。通过体育教学，教师应该引导学生养成坚持锻炼的习惯，使之成为他们生活的一部分，终身受益。终身性要求体育教学要促进学生的身心健康。体育运动不仅可以促进学生的身体健康，还可以提高学生的心理素质，增强抗压能力，提高学习效率。通过体育教学，教师应该培养学生对体育运动的热爱，使之成为他们生活中不可或缺的一部分，促进身心健康的全面发展。

二、高校体育教学理论的研究意义

（一）指导实践，提高教学效果

体育教学是一门实践性强的学科，教学效果直接关系学生的身心健康和全面发展。通过研究不同的教学理论和方法，可以帮助教师更好地设计教学内容和教学方法，提高教学效果，促进学生全面发展。不同的教学理论和方法适用于不同的教学目标和教学内容。通过研究不同的教学理论，教师可以根据学生的特点和需求，设计出更加贴近实际、更有针对性的教学内容，提高学生学习的积极性和主动性。

教学方法直接影响教学效果，不同的教学理论对教学方法有着不同的指导意义。教师通过研究体育教学理论，可以借鉴先进的教学方法，并灵活运用于教学实践中，提高教学效果，使学生更好地掌握体育知识和技能。研究体育教学理论可以帮助教师更好地评价教学效果。教学评价是教学过程中的重要环节，通过评价可以及时发现教学中存在的问题，及时调整教学方法，提高教学效果。通过研究体育教学理论，教师可以了解不同的评价方法和标准，更加科学地评价学生的学习情况，为提高教学效果提供依据。

（二）促进教学改革，推动教育发展

体育教学作为教育事业的重要组成部分，其发展与教育改革密切相关。

通过研究体育教学的前沿理论和方法，可以为教育改革提供理论支持和实践经验，推动教育事业的发展。随着社会的发展和教育观念的更新，教育改革已成为教育事业发展的必然趋势。体育教学作为教育的重要组成部分，其教学理论的研究对教育改革具有重要意义。通过研究体育教学理论，可以为教育改革提供理论依据和参考，推动教育事业向更加科学、人性化的方向发展。

教育改革需要实践的支持，而体育教学理论的研究可以为教育改革提供实践经验。通过研究体育教学理论，可以总结出一系列有效的教学方法和管理经验，为教育改革提供参考，推动体育教育的改革与创新，促进教育事业的发展。

（三）丰富教育理论体系，完善学科建设

高校体育教学理论的研究对于丰富教育理论体系、完善学科建设具有重要意义。体育教学作为教育学科的重要组成部分，其理论研究不仅可以为体育教学实践提供指导，还能为教育学科的发展注入新的理论和方法。教育理论的形成和发展需要不断地吸取各个学科领域的理论成果，体育教学理论作为教育学科的重要分支之一，其研究成果可以为教育理论提供新的思路和视角。例如，体育教学中的激励理论、教学评价理论等，都可以为教育学科的相关理论提供启示，从而丰富教育理论体系，促进教育学科的繁荣发展。

体育教学作为一门专业学科，其理论的完善对于学科的建设至关重要。通过深入研究体育教学的相关理论，可以不断地完善该学科的知识体系和教学体系，提高学科的教学水平和科研水平。这不仅有助于培养更多的优秀体育教师和科研人才，也有利于推动体育教育事业的发展。

（四）提高教师素质，推动教师发展

提高教师素质，推动教师发展是高校体育教学理论研究的重要目标。体育教学理论的研究不仅可以为教师提供科学的教学指导，还可以促进教师的专业成长和全面发展。体育教学理论的研究可以帮助教师深入了解体育教学的本质和规律，指导教师科学地开展教学活动。通过研究理论，教师可以更好地把握教学内容和方法，提高课堂教学的针对性和有效性。同时，理论研究还能够激发教师的教学热情和创新精神，促使其不断改进教学方式，进而提高教学质量。

体育教学理论的研究有助于提高教师的学术水平和专业能力。教师通过深入研究理论，可以不断拓宽学术视野，提高学术造诣，增强专业素养。这不仅有利于教师在学术领域的发展，也能够提高教师在实践中的教学水平和能力。体育教学理论的研究可以为教师提供终身学习的机会和动力。教师通过不断学习新的理论知识和教学方法，能够不断完善自身的教学理念和方法，保持教学的活力和创新性，有助于教师在教学实践中保持敏锐的观察力和反思能力，及时调整教学策略，更好地适应教育教学的发展需要。

（五）服务学生需求，促进学生发展

服务学生需求，促进学生发展是高校体育教学理论研究的重要价值所在。体育教学理论的研究可以更好地满足学生的学习需求，促进学生的身心健康发展。体育教学理论的研究可以帮助教师更好地了解学生的身心特点和发展规律，有针对性地开展教学工作。通过研究理论，教师还能够更好地把握学生的学习需求和兴趣特点，设计更具有吸引力和有效性的教学内容和方法，激发学生学习的兴趣和积极性。

体育教学理论的研究可以促进学生全面发展。通过研究体育教学理论，教师可以更好地指导学生开展体育锻炼和比赛活动，促进学生身体素质和运动技能的提高。同时，理论研究还可以引导学生树立正确的健康观念和价值观，培养学生的团队合作精神和领导能力，促进学生全面发展，提高学生的综合素养和创新能力。通过深入研究体育教学理论，教师可以设计更具挑战性和创新性的教学活动，培养学生解决问题的能力和创新意识，帮助学生在学习和生活中塑造积极的心态和健康的生活态度。

第二节　高校体育教学目标与任务

一、高校体育教学的目标

高校体育教学的目标是多方面的，包括促进学生的身心健康发展、培养学生的体育兴趣和专项技能、提高学生的综合素质和团队合作能力等。具体来说，高校体育教学的目标包括以下几个方面。

（一）促进学生身心健康发展

体育教学是学校教育中不可或缺的一部分，其意义不仅在于培养学生的运动技能，更重要的是促进他们全面发展。当今社会，随着人们生活水平的提高和社会竞争的日趋激烈，学生的身心健康问题日益突出，因此，促进学生的身心健康发展尤为重要。体育教学可以通过锻炼促进学生身体素质的提高。体育锻炼能够增强学生的体质，提高学生身体各系统的功能水平，增强抵抗力，减少疾病的发生。在体育教学中，通过参加各种体育运动，可以全面锻炼学生的肌肉、心血管、呼吸系统等，促进身体各部位的协调发展，进而提高身体素质。

体育教学有助于预防疾病，保障身心健康。运动是一种非常有效的健身方式，能够促进人体新陈代谢，加速血液循环，提高免疫力，预防常见疾病的发生，如心血管疾病、糖尿病等。此外，体育活动还可以促进学生心理健康发展，缓解学习和生活压力，改善情绪，提高心理素质。

（二）培养学生的体育兴趣和专项技能

在当今社会，体育运动不仅是一种健康的生活方式，也是一种积极向上的精神追求。体育教学作为学校教育的重要组成部分，旨在培养学生对体育运动的兴趣，提高他们的体育技能，使其具备一定的专业水平和竞技能力，促进身心健康发展。体育教学可以激发学生对体育运动的兴趣。通过多样化、趣味化的体育运动项目，可以调动学生参与体育运动的积极性，培养他们对体育的热爱。在体育课堂上，教师通过采用丰富多彩的教学方法（如游戏化教学、趣味竞赛等），让学生在愉快的氛围中感受运动的乐趣，激发他们对体育运动的兴趣和热情。

体育教学不仅注重学生整体身体素质的提高，而且有助于培养学生的体育专项技能。通过系统的训练和指导，可以提高学生在某一项体育运动或项目上的专业水平和竞技能力，提高他们在体育运动中的表现力和技能水平。

（三）提高学生的综合素质和团队合作能力

体育教学在学校教育中扮演着重要角色，不仅可以促进学生的身心健康发展，还能提高学生的综合素质和团队合作能力。体育教学旨在培养学生的身体素质、心理素质、道德素质和智力素质，通过各种团体项目和比赛，培养学生的团队合作精神和领导能力，促进其全面发展。通过体育锻炼和运动训练，可以全面提高学生的身体素质，包括体力、耐力、速度、灵敏性等。体育教学注重学生身体各部位的协调发展，通过各种体育活动和运动项目，可以全面锻炼学生的肌肉、心血管、呼吸系统等，进而提高身体素质。

体育活动能够促进学生的心理健康发展，缓解学习和生活压力，改善情绪，提高心理素质。在体育教学中，学生需要克服困难、挑战自我，培养毅力和坚强的意志品质。

体育教学可以提高学生的道德素质。体育运动是一种竞技和比赛的活动，要求学生遵守规则、尊重对手、团结合作。在体育教学中，教师可以引导学生树立正确的竞争观念和道德观念，培养学生的团队精神和合作意识。

体育教学可以提高学生的智力水平。体育活动需要学生在运动中做出各种决策和判断，培养学生的思维能力和创新能力。在体育教学中，学生需要分析情况、制定策略、调整计划，进行一系列的思想活动，从而促进学生智力水平的提高。

（四）培养学生的健康意识和健康行为

体育教学在学校教育中意义重大。体育教学不仅可以促进学生的身心健康发展，还能培养学生的健康意识和健康行为。体育教学旨在引导学生形成正确的健康观念，养成健康的行为习惯，培养学生积极健康的生活方式，终身受益。通过开展体育课程，学生可以了解运动对身体健康的重要影响，认识保持健康需要良好的生活习惯和行为，形成正确的健康观念。体育教学可以通过讲解知识、示范运动、实践操作等方式，引导学生关注自己的身体健康，增强健康意识。

在体育教学中，学生不仅能够学习各种体育运动的技能和技巧，还能够培养良好的运动习惯和行为。体育教学可以通过规范的训练和指导，教会学生正确的运动方法和姿势，养成良好的运动习惯，如定时运动、合理饮食、良好睡眠等。体育教学可以促进学生积极参与健康活动。通过各种体育活动和运动项目，可以激发学生参与体育运动的热情，让学生亲身体验运动的乐趣。通过榜样示范、情景模拟等方式，引导学生养成健康的生活方式，终身受益。

（五）促进学生全面发展

体育教学在学校教育中占据着重要地位，不仅可以促进学生的身体健康，还可以促进学生全面发展。体育教学旨在通过各种体育活动和训练，促进学生的身心全面发展，培养学生的创新意识、团队协作能力和社会责任感，为其未来的发展奠定坚实基础。通过各种体育活动和运动训练，可以全面锻炼学生的肌肉、心血管、呼吸系统等，提高他们的身体素质。体育教学注重学生身体各部位协调发展，通过体育锻炼和运动训练，可以提高学生的体质，增强抵抗力，预防疾病，保障身心健康。

在体育活动中，学生会面对各种挑战和问题，因此需要灵活运用所学知识和技能解决问题。体育教学可以通过设计创新的运动项目和训练方法，激发学生的创新意识，培养他们解决问题的能力。在体育运动中，学生需要与队友合作，共同完成各种任务和比赛。通过组织团体项目和比赛，可以培养学生的团队精神和合作意识，提高他们的团队协作能力，更好地适应未来社会的发展。体育活动是一种社会性活动，要求学生遵守规则、尊重对手、团结合作。体育教学可以引导学生正确认识竞争和合作，培养他们的社会责任感，提高他们的社会适应能力，为其未来的发展打下坚实的基础。

二、高校体育教学的任务

（一）促进学生身心健康发展

在高校体育教学中，促进学生身心健康发展是首要任务。体育锻炼和运动训练不仅可以提高学生的身体素质，增强体质，预防疾病，还可以促进学生心理健康，缓解压力，改善情绪，使其身心健康得到全面发展。在高校体育教学中，学生通过参与各种体育活动和运动项目，如篮球、足球、羽毛球、游泳等，全面锻炼学生的肌肉、心血管、呼吸系统等，提高他们的身体素质。通过持续的锻炼，学生的体质健康水平将会逐步提高，身体健康状况明显改善。

体育锻炼和运动训练可以增强学生的体质，预防疾病。现代高校学生普遍存在久坐不动、缺乏运动的问题，导致肥胖、心血管疾病、糖尿病等的发生。通过参与体育活动，可以促进学生新陈代谢，加速血液循环，提高身体免疫力，预防疾病的发生。此外，体育锻炼和运动训练对学生的心理健康也有积极影响。高校学生面临学业、生活等各方面的压力，容易出现焦虑、抑郁等心理问题。参与体育活动可以缓解这些压力，释放负面情绪，改善心情，增强心理健康。

（二）培养学生的体育兴趣和专项技能

高校体育教学的重要任务之一是培养学生的体育兴趣和专项技能。通过多样化的体育活动和训练，学生有机会发掘自己的兴趣，并在某一项运动或项目上展现出专业水平和竞技能力，从而在体育领域取得更好的发展。体育教学可以激发学生对体育运动的兴趣。通过多种形式的体育活动和比赛，学生可以接触不同类型的运动项目，因此体育教学应该注重个性化的教学方法，鼓励学生根据自己的兴趣选择适合的运动项目，激发学生参与体育运动的热情。

体育教学有助于培养学生在某一项运动项目上具备一定的专业水平和竞技能力。在高校体育教学中，学生将接受系统的训练和指导，逐步提高在某一项运动或项目上的技术和技能。通过反复练习和实践，学生能够掌握运动的基本技能和技巧，提高在体育运动中的表现力，培养专项技能。体育教学可以通过组织比赛和赛事，激发学生的竞技能力。参加比赛不仅可以检验学生在某一项运动或项目上的水平，还可以增强学生的竞争意识，培养学生的团队合作精神。体育教学应该注重比赛的组织和管理，营造积极向上的竞技氛围，激发学生的竞争潜力。

（三）提高学生的综合素质和团队合作能力

高校体育教学旨在提高学生的综合素质和团队合作能力，不仅包括身体素质的提高，还包括心理素质、道德素质和智力水平的培养。通过各种体育活动和运动项目的参与，能够全面地提高学生各方面的素质，提高学生的团队合作能力和领导能力。在高校体育教学中，学生将接受系统的体育锻炼和运动训练，包括体力、耐力、速度、灵敏性等，使自身身体协调发展。通过各种体育活动和运动项目，有效提高学生学生的肌肉力量和耐力，强化心血管系统和呼吸系统功能，提高学生身体素质。

体育活动能够促进学生的心理健康发展，缓解学习和生活压力，改善情绪，增强心理素质。在体育教学中，学生需要克服困难、挑战自我，培养毅力和坚强的意志品质，提高心理素质。体育教学有助于提高学生的道德素质。体育运动是一种竞技和比赛的活动，要求学生遵守规则、尊重对手、团结合作。在体育教学中，教师可以引导学生树立正确的竞争观念和道德观念，培养学生的团队精神和合作意识，提高其道德素质。体育活动需要学生在运动中做出各种决策和判断，培养学生的思维能力和创新能力。在体育教学中，学生需要分析情况、制定策略、调整计划，提高智力素质。

（四）培养学生的健康意识和健康行为

高校体育教学作为引导学生形成正确健康观念和养成积极健康生活方式的重要途径，具有不可替代的作用。通过体育教学，学生能够深入了解健康的重要性，养成良好的健康行为习惯，从而受益终身。高校体育教学有助于提高学生对健康的认识。在体育课堂上，学生将接受关于身体健康的知识教育，了解运动对身体健康的益处，认识良好的生活习惯对健康的重要性。通过理论教学和实践操作，学生可以深入了解身体各部位的结构和功能，增强对健康的重视和保护意识。

通过参与各种体育活动和运动项目，学生可以培养良好的运动习惯和生活习惯，如定期锻炼、合理饮食、规律作息等。体育教学还可以引导学生远离不良生活习惯（如烟草和酒精的滥用），养成积极健康的生活方式。高校体育教学有助于提高学生的自我保健能力。通过体育教学，学生可以学会一些简单有效的自我保健方法，如正确的姿势、适度的运动、健康的饮食等。帮助学生预防常见疾病，保持身心健康。高校体育教学有助于引导学生形成终身受益的健康行为习惯。通过体育教学，学生可以体验运动的乐趣和好处，形成对运动的喜爱和坚持。这种积极的健康行为习惯将伴随学生一生，使其享受健康带来的种种好处。

（五）促进学生全面发展

在高校体育教学中，促进学生全面发展是一个重要目标。通过各种体育活动和训练，体育教学不仅能够促进学生身体素质的提高，还可以培养学生的创新意识、团队协作能力和社会责任感，使其更好地适应未来社会需求和发展。体育活动可以使学生身体得到全面锻炼，提高学生体质，增强抵抗力，预防疾病，保持身心健康。同时，体育活动也可以促进学生心理健康，缓解压力，改善情绪，增提高理素质。

体育活动需要学生不断探索和尝试，寻找新的运动技巧和策略。通过体育教学，可以培养学生解决问题的能力，锻炼创新意识，为其未来的发展提供思维上的支持。高校体育教学有助于培养学生的团队协作能力。在体育活动中，学生需要与队友合作，共同完成各种任务和比赛。体育教学可以通过组织团体项目和比赛，培养学生的团队精神和合作意识，提高其团队协作能力。

高校体育教学有助于培养学生的社会责任感。体育活动是一种社会性活动，要求学生遵守规则、尊重对手、团结合作。体育教学可以通过引导学生正确认识竞争和合作的关系，培养其社会责任感和适应社会的能力。

高校体育教学的任务是多方面的，不仅是传授运动技能，更重要的是培养学生全面发展所需要的各种素质和能力，为其未来的成长和发展奠定良好的基础。

第三节　高校体育教学内容与方法

一、高校体育教学内容

高校体育教学内容应具有一定的科学性和实践性，既要满足学生身体锻炼的需求，又要培养其体育技能和综合素质。主要包括以下几个方面。

（一）基础理论知识

基础理论知识对于理解运动对身体和心理的影响至关重要。在运动生理学方面，我们知道运动对身体的益处是多方面的。首先，适量的运动可以促进血液循环，增强心血管功能，降低患心血管疾病的风险。其次，运动可以提高肺部功能，增强肺活量，有助于更好地吸入氧气和排出二氧化碳。此外，运动还可以促进新陈代谢，有助于保持健康的体重和身体组织。再次，从运动解剖学方面，了解身体各部位的结构和功能对于正确进行运动至关重要。比如，在健身锻炼时，了解肌肉的结构和功能可以帮助我们选择正确的运动方式和姿势，避免受伤。了解骨骼系统的结构可以帮助我们了解运动对骨骼的影响，以及如何通过运动增强骨密度，预防骨质疏松等疾病。从运动心理学方面，我们知道运动对心理健康的积极影响。适量的运动可以释放压力，缓解焦虑和抑郁情绪，提高情绪稳定性和自我认知能力。最后，运动还可以促进社交互动，增强人际关系，提高自信心和自尊心。

（二）运动技能训练

在大学体育教学中，运动技能训练非常重要。通过学习和掌握各种体育运动项目的基本技能，学生不仅能够提高身体素质，还可以培养团队合作精神和竞争意识。下面以篮球、足球、乒乓球和游泳为例，分别阐述它们在运动技能训练中的重要性。首先是篮球。篮球是一项需要全身各部位协调运动的项目，包括投篮、运球、传球、防守等各种技能。通过篮球训练，学生可以提高协调能力、灵活性和反应能力，培养团队合作精神和领导能力。其次是足球。足球是一项注重团队合作和战术配合的运动项目，需要队员在有限的空间内迅速做出正确的判断和反应。通过足球训练，可以培养学生的团队意识、战术意识和判断力，提高身体素质和心肺功能。再次是乒乓球。乒乓球是一项注重技术和策略的运动项目，需要运动员具备良好的手眼协调能力和技术水平。通过乒乓球训练，可以提高学生的反应速度、手眼协调能力和技术水平，培养学生的耐心和毅力。最后是游泳。游泳是一项全身性的运动项目，可以有效地锻炼身体各个部位的肌肉，并且对心血管系统和呼吸系统也有很好的锻炼效果。通过游泳训练，可以提高学生的耐力、速度和技术水平，提高心肺功能和身体素质。

（三）健身锻炼

健身锻炼对大学生来说是非常重要的，它不仅可以帮助他们保持良好的身体素质和健康水平，还可以提高他们的学习效率和生活质量。健身锻炼包括有氧运动、力量训练和柔韧性训练等多种形式，下面分别介绍它们的重要性和作用。有氧运动是指通过提供足够的氧气来燃烧体内储存的脂肪和糖原，从而提高心肺功能和耐力的一种运动方式。有氧运动包括跑步、游泳、骑行等，通过这些运动可以提高心肺功能，增强心脏和肺部的耐力，促进新陈代谢，有助于控制体重，预防心血管疾病等慢性病的发生。力量训练是通过负重训练来增强肌肉力量和耐力的一种方式。力量训练可以增强肌肉的力量和爆发力，提高身体的稳定性和平衡能力，预防骨质疏松，改善姿势，减少运动损伤的发生。柔韧性训练是通过拉伸运动来增加关节的灵活性和肌肉的伸展性。柔韧性训练可以改善身体的柔韧性和平衡能力，减少肌肉疼痛和僵硬感，提高身体的舒适度和姿势。

（四）体育赛事和比赛

体育赛事和比赛是大学体育教育中不可或缺的一部分，它不仅可以为学生提供展示自己体育技能的机会，还可以培养他们的竞技意识、团队合作精神和应对挑战的能力。通过组织学生参加各种体育比赛，可以激发他们对体育运动的热爱和兴趣，提高他们的身体素质和心理素质。参加体育赛事和比赛可以帮助学生培养竞技意识。在比赛中，学生需要不断地提高技能水平，调整心态和策略，与对手展开竞争。这种竞技过程可以激发学生的竞争意识和斗志，帮助他们克服困难，勇敢面对挑战。

在团体比赛中，学生需要与队友合作，共同完成比赛任务。这就要求他们具备良好的沟通能力、团队意识和合作精神，能够互相配合、互相支持，共同面对困难和挑战。参加体育比赛能够提高学生应对挑战的能力。在比赛中，学生可能会遇到各种各样的挑战和困难，如强劲的对手、紧张的比赛节奏、逆境的局面等。通过这些挑战，可以锻炼学生的心理素质和意志品质，学会在逆境中坚持不懈，勇敢地面对困难。

二、高校体育教学方法

高校体育教学方法应该灵活多样，注重实践教学，充分发挥学生的主体性和积极性。

（一）示范教学法

示范教学法是体育教学中常用的一种教学方法，它通过教师示范动作指导学生。这种教学方法具有直观性强、易于理解和模仿等特点，有助于提高学生的学习和教学效果。示范教学法可以帮助学生直观地了解运动技能的正确动作和要领。通过教师的示范，学生可以清楚地看到每个动作的要领、幅度和速度等，从而更好地理解和掌握运动技能。

示范教学法可以帮助学生准确地模仿动作。在教师的示范下，学生可以逐步模仿教师的动作，不断调整和改进自己的动作，从而提高动作的准确性和流畅度。示范教学法可以帮助学生理解运动技能的内在要领。教师在示范动作时，可以适时地解说动作的要领和技术要点，帮助学生理解动作背后的原理和规律，从而更好地掌握运动技能。此外，示范教学法还可以激发学生的学习兴趣和积极性。通过直观的示范和生动的解说，吸引学生的注意力，激发他们学习的兴趣和热情，提高他们的学习积极性。

（二）分组教学法

分组教学法是体育教学中常用的一种教学方法，它将学生分成小组进行训练和比赛，旨在培养学生的团队合作精神和领导能力。这种教学方法具有团队意识强、协作能力强、竞争意识强等特点，有助于提高学生的学习兴趣和教学效果。分组教学法可以帮助学生培养团队合作精神。在小组训练和比赛中，学生需要与队友密切合作，共同完成训练和比赛任务。这种合作过程可以促进学生之间的相互沟通和协作，培养他们的团队意识和合作能力。

在小组中，学生可以有机会担任队长或领导者，负责组织和指导小组的训练和比赛。通过扮演这种领导角色，学生可以锻炼自己的领导能力和团队管理能力。分组教学法可以激发学生的竞争意识。在小组比赛中，学生需要与其他小组展开竞争，争取取得比赛的胜利。这种竞争过程可以激发学生的竞争意识和斗志，帮助他们克服困难，勇敢面对挑战。分组教学法还可以提高学生的学习兴趣和教学效果。通过小组训练和比赛，学生可以更加积极地进入学习状态，提高学习的积极性和主动性，从而提高学习效果。

（三）游戏教学法

在教学中，将运动技能与游戏相结合是一种高效而又有趣的教学方法。通过游戏，可以增加学生的学习兴趣和参与度，使他们更加积极地参与课堂活动。这种教学法不仅可以提高学生的运动技能水平，还能够培养他们的团队合作意识和竞争意识，从而达到更好的教学效果。相比于传统的死记硬背和机械式的训练，通过游戏的形式进行教学更加富有趣味性和创造性。学生可以在轻松愉快的氛围中学习运动技能，更加积极主动地投入学习。例如，将足球技能融入足球比赛中，学生可以在比赛中体验技能的应用，同时也能够感受比赛的紧张和刺激，从而更加愿意去学习和练习相关的技能。

在游戏中，每个学生都可以找到自己的位置和角色，发挥自己的特长和优势。通过团队合作和竞争，学生可以相互协作，共同完成任务，从而增强了他们的集体荣誉感和责任感。同时，游戏还能够调动学生的积极性和主动性，让他们更加主动地参与课堂活动，提高教学效果。游戏中学生需要相互配合，共同完成任务，这就需要他们具备良好的团队合作能力。同时，游戏还能够激发学生的竞争意识，使他们不断挑战自我，追求更高的成绩和荣誉。通过竞争，学生可以更好地认识自己的优势和劣势，不断提高自己的能力和水平。

（四）任务驱动教学法

任务驱动教学法是一种强调学习任务设计的教学方法，通过设计具体的任务和目标来激发学生的学习动力，提高学生的学习效果。这种教学法的核心理念是将学习从传统的知识传授转变为学生参与实际任务的过程，让学生在完成任务的过程中获得知识和技能。任务驱动教学法强调学生的主动参与和合作，能够更好地激发学生的学习兴趣，提高学习效果。通过设计具体的任务，让学生在实际操作中学习知识和技能，能够让他们更加感兴趣和投入。相比于传统的课堂教学，任务驱动教学法更加贴近学生的实际需求和兴趣，能够更好地激发他们的学习兴趣，提高学习积极性。例如，在学习语言时，可以设计一些实际情景的交际任务，让学生在交流中学习语言，既增加了学习的趣味性，又提高了学习效果。

通过设计具体的任务和目标，能够让学生更加集中精力，更加有效地学习知识和技能。任务驱动教学法注重学生的实际操作和实践能力，能够让学生在实际任务中不断地实践和反思，更加深入地理解和掌握知识。与传统的死记硬背相比，任务驱动教学法更加注重学生的能动性和思维能力，能够更好地提高学习效果。在任务驱动的教学过程中，学生通常需要合作完成任务，需要他们具备良好的合作意识和团队精神。通过合作，学生可以共同完成任务，从而提高他们的集体荣誉感和责任感。同时，任务驱动教学法还能够培养学生的领导能力和组织能力，使他们在合作中不断成长和进步。

（五）个性化教学法

个性化教学法是一种根据学生的不同特点和能力，采取个性化的教学方法，旨在提高教学效果的教学方式。这种教学法强调了教师对学生的个体差异的重视，通过具有针对性的教学设计和个性化的教学实施，能够更好地满足学生的学习需求，提高他们的学习兴趣和学习效果。每个学生的学习能力和学习方式各有不同，传统"一刀切"的教学方法往往无法满足所有学生的需求。个性化教学法能够根据学生的特点和能力，有针对性地设计教学内容和教学方法，更好地满足学生的学习需求。例如，在英语教学中，对于喜欢听力的学生可以加强听力训练，对于擅长阅读的学生可以加强阅读训练，从而更好地促进他们的学习。

通过个性化的教学设计，能够更好地激发学生的学习兴趣，使他们更加愿意投入学习。例如，可以根据学生的兴趣爱好设计学习任务，让学生在学习中感受乐趣和成就，提高他们的学习积极性和主动性。通过个性化的教学方法，能够更好地激发学生的学习动力，提高他们的学习效果。个性化教学法注重教师对学生的个体差异的关注和理解，更好地帮助学生克服学习困难，提高学习成绩。同时，个性化教学法也能够提高教师的教学水平，促进教师的专业成长和发展。

高校体育教学内容应该包括基础理论知识、运动技能训练、健身锻炼、体育赛事和比赛、体育教育理论与方法等方面；高校体育教学方法应该灵活多样，注重实践教学，充分发挥学生的主体性和积极性。

第四节　高校体育教学评价与质量保障

一、高校体育教学评价

高校体育教学评价是对高校体育教学活动进行全面、客观、科学的评价和检查的过程。评价的目的是了解教学工作的实际效果，为教学改革和发展提供依据，促进高校体育教学的不断完善和提高。

（一）评价内容

高校体育教学评价的内容涵盖了多个方面，主要包括学生的身体素质水平、运动技能水平、运动能力和运动态度等方面。

身体素质是指个体身体各项机能及其相互关系的状态，包括耐力、速度、力量、灵敏度等多个方面。评价学生的身体素质水平，可以通过体质测试等方式进行，以此掌握学生的身体状况，为其制订合理的体育锻炼计划供其参考。

运动技能水平是指学生在各种运动项目中所具备的技能和能力，包括基本动作技能、进阶技能、战术运用等。评价学生的运动技能水平，可以通过观察、测试等方式进行，了解学生的运动水平，可以为其提供有针对性的训练和指导。

运动能力是指学生在运动过程中所表现出来的综合能力，包括协调能力、柔韧性、反应能力等。评价学生的运动能力，可以通过体育课上的各种活动和测试等方式进行，了解学生的综合能力水平，可以为其提供个性化的运动训练和指导。

运动态度是指学生对体育运动的态度和情感态度，包括对运动的热爱程度、参与程度、合作精神等。评价学生的运动态度，可以通过观察、问卷调查等方式进行，了解学生的运动态度，为其培养积极的运动态度提供指导。

此外，高校体育教学评价还应考虑教师的教学水平、教学态度、教学方法等因素。教师的教学水平直接影响学生的学习效果。教师的教学态度和教学方法则直接影响学生的学习态度和学习方法。通过评价教师的教学水平、教学态度、教学方法等因素，可以帮助教师改进教学方法，提高教学效果，从而提高体育教学的质量。

（二）评价方法

高校体育教学评价的方法多样，高校体育教学评价可以采取定量和定性相结合的方式进行综合评价，包括测试、问卷调查、观察记录等方法。评价应注重客观性和科学性，避免主观偏见和片面性，以全面、客观、科学地评价体育教学工作的实际效果，为教学改革和发展提供依据，促进高校体育教学的不断完善和提高。通过设立体育测试项目（如跑步、跳远、引体向上等），可以客观地评价学生的身体素质和运动技能水平。测试结果可以量化，便于对比和分析，为教学改进提供依据。

通过设计问卷，了解学生对体育运动的态度和情感态度，以及对教师的教学水平和教学方法进行评价，为教学改进提供参考意见。教师可以通过观察学生在体育课上的表现（如动作技能、协作能力、运动态度等）进行评价。教师也可以记录自己的教学过程和方法，反思教学效果，不断改进和提高教学质量。评价方法应该注重客观性和科学性，避免主观偏见和片面性。评价过程中应该充分考虑学生的个体差异和特点，采用多种方法综合评价，以全面、客观、科学地了解教学效果，为教学改进和发展提供依据。

（三）评价标准

在体育教学中，评价标准的明确性、具体性和可操作性至关重要。评价标准应该能够准确反映学生的学习情况和能力水平，同时也应该能够根据学生和学校的实际情况进行调整和完善。评价标准应该符合体育教学的特点，注重综合性和全面性，使得评价更加科学、客观、公正。评价标准应该清晰地描述学生所要达到的学习目标和标准，使得学生和教师都能够清楚地了解评价的标准和要求。评价标准可以包括学生在体育活动中的技术表现、身体素质、动作规范等，以及学生在团队合作、领导能力、体育精神等方面的发展情况。

评价标准应该通过具体的方法和手段进行评价，如通过观察、记录、测试等方式来获取学生的表现和成绩。评价标准也应该考虑教学资源和条件的限制，使评价方法既科学有效，又具有可操作性。评价标准应该是动态的，能够根据学生的不同特点和发展需求进行调整和改进。学校可以通过定期的评价和反馈机制收集学生和教师的意见和建议，不断完善和优化评价标准，使得评价更加符合实际需求。

（四）评价结果利用

评价结果的有效利用对于提高高校体育教学的质量和效果至关重要。评价结果应该及时反馈给相关教师和学生，作为改进教学和学习的依据。教师可以根据评价结果，及时调整教学方法和内容，针对学生的不足和问题进行指导和帮助，提高教学效果。学生可以根据评价结果，及时调整学习方法和态度，改进学习策略，提高学习主动性。

评价结果还可以用于比较不同学校、不同班级、不同教师的教学水平。通过比较不同单位和个体的评价结果，能够发现问题和差距，促进经验和教学方法的交流和分享，提高教学质量。同时，还可以借鉴其他单位和个体的成功经验，促进教学改革和发展。评价结果的有效利用需要建立健全的评价反馈机制。教育主管部门应加强对评价结果的监督和指导，确保评价结果的客观、科学和准确。学校应建立健全的评价管理体系，确保评价结果能够及时反馈给相关教师和学生，用于教学改进和发展。总之，通过体育教学评价可以有效促进体育教学质量的提高，同时帮助学生和教师更好地成长。

二、高校体育教学质量保障

高校体育教学质量保障是指通过制定相关政策、建立健全的管理机制和加强监督检查等方式，保障高校体育教学工作的质量和效果，促进教学工作的持续改进和发展。

（一）建立健全管理机制

高校体育教学的管理机制对于保障教学工作的质量和效果至关重要。建立健全的管理机制可以明确教学工作的责任和任务，保证教学工作的顺利进行，提高教学质量，促进教学改革和发展。体育教学的组织结构应该包括教学领导机构、教学管理机构和教学支持机构等部门。教学领导机构负责制定教学发展规划和政策，指导和协调教学工作；教学管理机构负责具体的教学管理，包括教学计划的制订、教学资源的配置、教学评价的组织等；教学支持机构负责提供教学支持和服务，包括教学设施和器材的维护、教师培训和指导等。

高校应该建立健全教学管理制度。教学管理制度应该包括教学工作的组织和实施、教学质量的监督和评估、教学改革和发展的推进等内容。教学管理制度应该明确教学工作的目标和任务，规范教学工作的程序和要求，确保教学工作的科学性和规范性。教学工作的责任制包括教师的教学责任制和学生的学习责任制。教师应该承担起教学工作的主体责任，认真备课、精心授课，提高教学质量；学生应该承担起学习的主体责任，积极参与体育活动，提高身体素质和运动能力。通过建立健全的教学评估体系，对教学工作进行定期评估和监督，发现问题和不足，及时采取措施加以改进。同时，还可以通过开展教学研究和教学交流，促进教学改革和发展，提高教学质量和效果。

（二）加强师资队伍建设

加强高校体育教师队伍建设是提高高校体育教学质量和推动体育教育发展的关键。高校应该重视体育教师的培训和指导，不断提高他们的教学水平和专业素质，保障教学质量的持续提高。高校应该建立健全体育教师培训机制，为教师提供系统、全面的培训。培训内容应包括教学理论、方法技巧、课程设计等方面的知识，同时还应注重体育教师的综合素质和教育理念的培养。可以采用集中培训、分散培训、在线培训等多种培训形式，以满足不同教师的需求。

高校应该加强对体育教师的指导和辅导，帮助他们解决教学中的实际问题。可以通过定期听课评课、教学观摩、教学交流等方式，让教师相互学习、借鉴，共同进步。同时，还可以建立导师制度，为新教师提供专业指导和帮助，帮助其快速成长和发展。高校还应该重视体育教师的专业发展和职业晋升，为其提供良好的发展环境和发展机会。可以通过开展科研项目、参与教学改革、发表学术论文等方式，激发教师的工作热情和创造力，提高其专业水平和影响力。

（三）完善教学设施和器材

高校应该重视体育教学设施和器材的建设和更新，提供良好的教学条件和环境，为学生的身心健康提供保障。体育教学设施和器材的完善对于促进高校体育教学的发展和提高教学质量具有重要意义。高校应该建设和完善体育馆、运动场地、健身房等教学场所，保证学生进行体育锻炼和运动训练的场地和条件。同时，还应该配置实际教学需要的设备和器材，如篮球架、排球网、游泳池等，为学生提供多样化的体育运动项目选择，提高体育教学的多样性和趣味性。

随着科技的发展和社会的进步，体育教学设施和器材也在不断更新换代。高校应该及时更新教学设施和器材，引进先进的设备和技术，提高教学效果和教学水平。例如，引进智能化的健身器材和运动监测设备，更好地满足学生的学习需求，提高体育教学的效果和质量。完善教学设施和器材还可以提高体育教学的安全性和便利性。良好的教学设施和器材可以保障学生的身体健康和安全，减少意外伤害的发生。同时，便利的教学设施和器材也可以提高学生参与体育活动的积极性和主动性，促进学生身心健康全面发展。

（四）加强教学管理和监督

加强教学管理和监督是高校提高教学质量的重要举措。高校应建立健全教学管理和监督机制，加强对教学工作的监督和检查，确保教学质量的稳步提高。高校应建立健全教学管理制度，明确教学目标和任务，规范教学行为和流程。通过制订教学计划、课程设置和教学大纲等文件，明确教学内容和要求，确保教学工作有章可循，有序进行。同时，建立教学档案和教学评估制度，对教学过程进行记录和评估，及时发现问题并加以改进。

高校应加强对教学过程的监督和检查，确保教学质量的稳步提高。可以通过课堂观摩、听课评课、教学督导等方式，对教师的教学行为和教学效果进行评估和检查，及时发现问题并提出改进意见。同时，建立教学督导队伍，定期对教学工作进行检查和评估，确保教学质量的持续改进。高校还应注重教学成果的评价和反馈，及时了解学生对教学的反馈意见和建议，为教学改进提供参考。可以通过学生评教、教学问卷调查等方式，了解学生对教学的满意度和意见，及时调整教学方法和内容，进而提高教学效果和质量。

（五）推进教学改革和创新

高校应该积极推进体育教学的改革和创新，不断探索适合自身发展需要的教学模式和方法，提高教学质量和效果。体育教学改革和创新是促进高校体育教育事业健康发展的重要举措，对于提高教学质量和效果具有重要意义。推进教学改革和创新可以提高体育教学的针对性和有效性。随着社会的不断发展和变化，传统的教学模式和方法可能已经无法满足学生的需求和教学的要求。所以高校应该积极探索新的教学模式和方法，如问题导向教学、案例教学、合作学习等，提高学生的学习兴趣和学习效果。

体育教学应该注重培养学生的综合素质和动手能力，不仅要注重传授知识，还要注重培养学生的创新能力和实践能力。高校应该通过创新教学内容和方法，设计多样化的体育活动和项目，激发学生的学习兴趣，提高学生的参与度和积极性。同时，推进教学改革和创新可以促进教师的专业发展和成长。教师是体育教育的重要组成部分，其教学水平和教学能力直接影响教学效果和教学质量。高校应该为教师提供专业培训和教学指导，鼓励教师参与教学改革和创新，不断提高教学水平和教学能力，从而为学生提供更好的教学服务。

第二章　高校体育教学的教育技术

第一节　高校体育教学中的教育技术应用

一、教育技术应用概述

在高校运动技能教学中，教育技术的应用扮演着重要的角色。运动技能的学习涉及复杂的动作和技术，而教育技术的应用可以为教学提供灵活、多样的手段。这种应用不仅能够提高学生的学习兴趣，更有助于教师更好地满足不同学生的学习需求。教育技术的应用为高校运动技能教学带来了更生动、直观的学习体验。通过使用多媒体教学工具，教师能够将复杂的运动技能分解成易于理解的步骤，通过动画、视频等方式生动地展示给学生。这种直观的呈现方式有助于激发学生学习兴趣，使他们容易理解和掌握运动技能的要领。教育技术的应用提供了灵活的学习场景。通过在线学习平台和虚拟实验室等教育技术工具，学生可以在不同时间、不同地点进行运动技能的学习。这种灵活性使得学生能够更好地安排学习时间，自主学习的机会也得到了增加。教育技术的应用为个性化教学提供了更多可能。通过智能化的学习系统，教师可以根据学生的学习情况和水平，提供个性化的学习内容和反馈。这种个性化教学有助于更好地满足不同学生的学习需求，促进他们更好地发展运动技能。教育技术的应用也为学生提供了丰富的学习资源。通过互联网和数字化教材，学生能够获取到丰富的运动技能学习资料，包括专业的视频教学、实时反馈等。这种资源的丰富性有助于学生全面地了解和深入学习相关知识，提高运动技能的综合水平。教育技术的应用也面临一些挑战。一些学生可能对于新技术的接受和运用存在不同程度的差异，因此，教师需要设计合适的教育技术应用方案，确保学生能够有效地运用这些工具进行学习。对于一些传统的运动技能，教育技术的应用可能并不是最佳选择，教师需要根据实际情况进行合理的选择。教育技术的应用为高校运动技能教学带来了许多积极的影响。它不仅提高了学生的学习兴趣，也拓展了学习场景，提供了丰富的学习资源。教师在运用这些技术时需谨慎选择，灵活运用。

二、高校体育教学中教育技术应用的方法

（一）数字教学资源与多媒体教材

在高校运动技能教学中，数字教学资源与多媒体教材的应用是推动教学创新、提高学习效果的关键手段。这些资源的有效利用可以丰富教学内容，提高学生学习兴趣，激发其学习动力，实现更为深入和全面的运动技能学习。数字教学资源与多媒体教材的使用能够增强教学内容的直观性和实践性。通过数字化的教学资源，教师可以将运动技能的实际操作呈现给学生，包括运动动作的步骤、技巧要点等。多媒体教材可以结合图像、视频等多种形式，使学生直观地理解和掌握运动技能，提高其实际操作水平。数字教学资源有助于个性化教育。通过数字化平台，教师可以根据学生的个体差异提供定制化的教学资源，满足不同学生的学习需求。这有助于实现差异化教学，使每位学生在运动技能学习过程中更好地发挥个体潜力，提高学习效果。数字教学资源与多媒体教材的使用可以促进学科知识的整合。运动技能学习涉及多个学科领域，如生物学、力学、心理学等。数字教学资源可以将这些相关知识整合在一起，形成系统的学科体系，帮助学生全面地理解运动技能背后的科学原理，提升学科整合的水平。数字教学资源还可以拓展教学内容的广度和深度。通过数字化的教学资源，教师可以轻松获取国内外最新的研究成果、案例研究等，为学生提供丰富、前沿的运动技能知识。这不仅能够培养学生的学科创新意识，还能够提高其对运动技能领域的深度理解。数字教学资源与多媒体教材的运用有助于增强学生的信息素养。在数字化的学习环境中，学生需要运用各种数字工具进行学习，包括搜索引擎、在线数据库等。这有助于培养学生信息检索、评估和利用的能力，提高他们未来在运动技能领域的实际应用水平。数字教学资源与多媒体教材在高校运动技能教学中发挥着重要作用。通过提高教学内容的直观性、实践性，个性化教

学，促进学科知识整合，拓展教学广度和深度，培养学生的信息素养等方面，数字教学资源与多媒体教材为提高运动技能教学的质量和效果提供了有力支持。

（二）虚拟实验与模拟技术

在高校的运动技能教学中，虚拟实验与模拟技术的应用呈现出日益重要的趋势。这种技术不仅使得学生能够在安全的环境中进行实践，更为教师提供了全新的教学手段。通过虚拟实验和模拟技术，学生能够更全面地理解和掌握各种运动技能，实现理论与实践的有机结合。虚拟实验与模拟技术的应用为学生提供了更为真实和直观的学习体验。通过使用虚拟实验室，学生能够在模拟的情境中进行运动技能的实际操作，而不受时间和地点的限制。这种实践性的学习方式有助于激发学生的兴趣，使其更主动地投入运动技能的学习。虚拟实验与模拟技术的应用为学生提供了更多的实践机会。在传统的教学中，受到资源、设备等的限制，学生可能无法获得足够的实际操作经验。而通过虚拟实验，学生能够在模拟环境中进行多次实践，从而更好地掌握运动技能的操作技巧。虚拟实验与模拟技术的应用使得学生能够面对复杂和多变的情境。在真实的运动实践中，学生可能会面临各种不同的挑战，而虚拟实验能够模拟这些情境，使学生更好地应对各种复杂的情况，提高其运动技能的适应性和灵活性。对于教师而言，虚拟实验与模拟技术的应用为教学提供了灵活的手段。通过设计虚拟实验的场景和情境，教师能够更好地呈现运动技能的理论知识，使学生全面地理解相关概念。这种灵活的教学手段有助于提高教学的效果，使学生掌握运动技能的理论知识。虚拟实验与模拟技术的应用也面临一些挑战。一些学生可能对虚拟实验产生抵触情绪，觉得与真实的运动实践存在差距。虚拟实验的设计需要教师具备较高的专业知识和教学技能，以确保模拟的场景和情境具有足够的真实感和教学效果。虚拟实验与模拟技术的应用在高校的运动技能教学中具有重要的意义。在应用这些技术时，需要教师与学生共同努力，不断优化和完善，以促使教育技术全面地融入实际教学。

（三）在线协作与远程学习

高校运动技能教学中的在线协作与远程学习是一种前沿的教育模式，借助现代科技手段，通过互联网平台实现学生和教师之间的交流、合作与学习。这种模式在提高教学效果、促进学生互动、拓展教育边界等方面发挥着重要作用。在线协作与远程学习突破了时间和空间的限制。通过远程学习平台，学生可以在任何地点、任何时间获取到教学资源，实现学习的自主性和灵活性。这种模式能够满足学生个体差异，使每位学生能够更好地适应学习节奏，提高学习的自主性和主动性。远程学习提高了教学的互动性。通过在线协作工具，学生和教师可以随时进行互动、讨论，实现信息的及时传递和共享。这种互动性的提高有助于拉近学生与教师之间的距离，促进教师更好地了解学生的学习状况，为他们提供个性化指导。远程学习可以拓展运动技能的学科边界。通过远程教育平台，学生可以获取到全球范围内最新的研究成果、专业技能培训等资源，拓宽了学科知识的广度。这有助于培养学生的跨学科能力，使其在运动技能学习中更全面、深入地理解相关领域的知识。在线协作与远程学习可以促进学生的自主学习和团队合作能力。通过在线平台，学生可以自主选择学习资源，进行独立思考和学习。通过远程协作工具，学生还能够与同学进行团队合作，共同解决问题，提高团队协作的水平。远程学习促进了教育资源的共享。通过在线平台，教师可以将自己的教学资源共享给全球范围内的学生，推动教育资源的国际化和开放性。这有助于提高教育资源的利用效率，促进全球范围内运动技能领域的共同发展。高校运动技能教学中的在线协作与远程学习是一种具有前瞻性的教育模式。通过打破时间和空间的限制，提高教学互动性，拓宽学科边界，促进自主学习和团队合作，以及实现教育资源的共享，这种模式为提高运动技能教学的灵活性、效果和国际化水平提供了有效途径。

（四）数据分析与运动科技

高校运动技能领域的数据分析与运动科技应用是当前运动教育的一个重要趋势。数据分析与运动科技的结合，不仅为运动技能的教学提供了更全面、精准的信息支持，也推动了运动领域的创新与发展。数据分析在运动技能教学中的应用主要体现在对运动过程和学生表现的量化分析上。通过运动传感器、智能设备等技术工具的收集，教师可以获得学生在运动过程中的各种数据，如运动轨迹、速度、力度等。这些数据能够帮助教师更深入地了解学生的运动技能水平，有助于个性化教学的开展。运动科技的应用不仅仅体现在数据的收集上，更在于其在教学中的创新。虚拟现实技术、增强现实技术等新兴技术的运用，为学生提供了更具沉浸感的学习体验。通过虚拟场景的呈现，学生能够在模拟的环境中进行运动实践，更好地理解和掌握相关技能。运动科技的应用还能够促进学生之间的互动与合作。通过智能设备的互联，学生可以进行运动数据的分享与比较。这种互动与合作不仅激发了学生的竞争意识，更培养了他们的团队协作能力。运动科技的引入使得学生在运动技能学习中不再孤立，而是能够形成紧密的学习群体。运动科技的应用也为教师提供了科学的教学依据。通过对大量的运动数据进行分析，教师能够发现学生在技能学习中的普遍问题和瓶颈。这种数据驱动的教学模式有助于教师有针对性地调整教学策略，提高教学的效果。运动科技在高校运动技能教学中的应用面临一些挑战。技术设备的成本和使用门槛较高，可能造成一些学校或学生无法充分享受技术带来的便利。对于一些传统运动技能，可能并不是所有的技术都能够有效应用，教师需要根据实际情况进行合理选择。数据分析与运动科技在高校运动技能教学中的应用，为教育领域带来了前所未有的变革。通过运动数据的分析与运动科技的创新应用，教师能够全面、深入地了解学生的学习状况，提供个性化和科学化的教学方案。随着技术的不断进步，运动技能教学将迎来广阔的发展空间。

（五）教育平台与在线评估

高校运动技能教学中，教育平台与在线评估是现代科技与教育相结合的重要体现，为学生提供了灵活、便捷的学习方式，同时为教师提供了有效的评估工具。这种教学模式的应用，不仅提高了运动技能教学的效率，还促进了学生的个性化发展。教育平台的应用使运动技能教学便捷和灵活。学生可以通过在线教育平台随时随地获取到相关的学习资源，包括教学视频、电子教材、实例分析等。这为学生提供了自主的学习空间，使他们能够根据自身情况合理安排学习时间，灵活地进行运动技能学习。在线评估工具提高了教学的效益。通过在线评估，教师可以更及时地了解学生的学习情况，包括运动技能的掌握程度、问题和困难等。这有助于教师针对性地调整教学计划，提供个性化指导，使每个学生在运动技能学习中都能够得到有效帮助。教育平台与在线评估的应用促进了学生之间的互动与合作。通过在线平台，学生可以参与各种讨论、分享和团队合作中，共同解决问题，分享学习心得。这有助于培养学生的团队协作精神和交流能力，提高他们在运动技能学习中的整体水平。在线评估工具还有助于建立全面的学科评价体系。传统的考试方式难以全面了解学生的学习状况，而在线评估工具可以通过多种方式，包括作业、实验报告、讨论参与等，全面评价学生在运动技能学习中的表现。这有助于建立更为科学和全面的评价机制，更好地反映学生的综合能力。教育平台与在线评估的应用也为教育资源的共享提供了可能。通过在线平台，各地的教育资源可以互通有无，学生和教师可以共享全球范围内的运动技能学习资源，推动教育的国际化和开放性。教育平台与在线评估在高校运动技能教学中的应用，不仅提高了教学的效益，还促进了学生的个性化发展。这种模式的应用为未来高校运动技能教学的创新与发展提供了有力支持。

第二节　在线学习平台与远程教育

一、高校体育在线学习平台

（一）体育在线学习平台的建设与特点

高校体育在线学习平台的建设旨在适应时代发展的需要，为广大学生提供灵活、便捷、多样的学习机会。这一平台具有多方面的特点，在教育领域中占据着独特的地位。高校体育在线学习平台体现了信息技术在教育中的重要作用。通过结合先进的网络技术和多媒体教学手段，该平台能够实现内容的迅速传播和互动学习的便捷展开。学生可以通过网络平台随时随地获取所需的体育知识，极大地拓展了学习的时空边界。高校体育在线学习平台注重个性化教学。通过先进的学习系统，该平台可以根据学生的个体差异提供定制化的学习内容和任务。这种个性化教学模式有助于激发学生的学习兴趣，提高学习效果，实现全面的素质培养。高校体育在线学习平台还强调实践性教学。通过在线视频、实时直播等方式，学生能够在虚拟环境中进行实际动作的学习，增强实际运用体育知识的能力。这种强调实践性的教学方式不仅提高了学生的动手能力，也有助于培养他们在实际运动中的综合素养。平台建设还充分体现了多媒体教学手段的运用。通过图文结合、音视频等多种形式的教学资源，学生能够直观地理解体育理论知识，提高学科的易学性。这种多媒体教学的方式不仅为学生提供了更为生动的学习体验，也为教师提供了更为灵活的教学手段。高校体育在线学习平台注重互动性教学。通过在线讨论、小组合作等方式，学生可以在虚拟平台上与老师和同学进行即时的交流和互动。这种互动性的教学方式有助于拓展学生的思维，培养他们的团队协作精神，进而提高整体的学习效果。在平台的构建上，高校体育在线学习注重跨学科整合。通过将体育知识与其他学科进行融合，学生能够全面地理解体育的背后原理，拓展对体育的认识。这种跨学科整合的特点使得高校体育在线学习平台不仅仅是传统体育教育的延伸，更是综合性的培养。高校体育在线学习平台的建设和特点体现了现代教育理念的创新与发展。通过信息技术的应用、个性化教学的实现、实践性教学的强调、多媒体教学手段的灵活运用、互动性教学的推动以及跨学科整合的构建，这一平台为学生提供了多样、灵活、全面的学习体验，为高校体育教育的未来发展指明了方向。

（二）在线学习平台中的体育课程设计

体育课程在高校在线学习平台上的设计至关重要，因为它直接关系到学生对体育知识和技能的全面掌握。在这个平台上，体育课程的设计需要综合考虑多个因素，包括教学目标、学生需求、教学资源等。合理的体育课程设计应当具备灵活性和多样性，以满足不同学生的需求，使其在体育领域获得全面发展。体育课程设计应明确教学目标。通过设置明确的学习目标，学生能够清晰了解课程的期望结果，有助于提高学习的针对性和有效性。这不仅包括对基础体育知识的掌握，还关注学生体育技能的培养和实际运用能力的提升。体育课程设计注重课程内容的科学性和实用性。课程内容应基于最新的体育理论和实践经验，使学生能够了解体育领域的最新发展。同时，课程内容应具有实际应用价值，使学生能够将所学知识和技能运用到实际生活和体育运动中。在体育课程设计中，教学方法的选择至关重要。不同的体育课程可以采用不同的教学方法，如讲授、实践、案例分析等，以提高学生的学习兴趣和参与度。灵活运用不同的教学方法，有助于激发学生对体育学科的兴趣，促使其主动地参与学习过程。体育课程设计应充分考虑学生的个体差异。因为学生在体能、兴趣、学科倾向等方面存在差异，课程设计应该灵活调整，以满足不同学生的需求。通过个性化的教学设计，可以更好地激发学生的学习潜力，提高整体的学习效果。体育课程设计也需要关注跨学科整合。将体育知识与其他学科融合在一起，有助于提高学生对体育学科的综合理解和应用能力。这种跨学科整合不仅能够拓宽学生的学科视野，还能够促进不同学科之间的交叉融合，提高学科整体的水平。在体育课程设计中，互动性教学也是一个重要的考虑因素。通过设置互动性教学环节，如小组合作、讨论、实践项目等，可以促使学生更好地交流和合作，拓展他们的思维，提高学科的学习效果。高校体育在线学习平台上的体育课程设计需要全面考虑教学目标、内容科学性与实用性、教学方法的选择、学生个体差异、跨学科整合以及互动性教学等多个方面的因素。只有综合平衡这些因素，才能够构建出具有灵活性和多样性的体育课程，从而更好地满足学生在体育学科学习中的需求，实现全面素质的培养。

（三）在线学习平台中的教学管理与评估

教学管理与评估在高校体育在线学习平台中具有关键性的作用：一方面确保了教学过程的有序进行，另一方面为学生提供了明确的学习方向和标准。教学管理方面，要保证教学过程的质量和效果，需要建立科学的管理体系。同时，对学生的评估则是促进其全面发展的关键手段。在教学管理方面，平台需要建立健全的教学计划和资源管理机制。通过明确教学计划，可以使教学过程有序、高效。同时，合理安排和管理教学资源，如课程资料、教学工具等，有助于提高教学的实际效果。此外，教师团队的管理也是重要的一环，要保证教师的专业水平和团队协作效果。评估是促进学生全面发展的关键手段之一。要建立科学合理的评估体系，包括定期的考试、作业评估、实践项目等多种形式。这有助于全面了解学生的学科水平和实际运用能力。个性化评估也很重要，要根据学生的个体差异，制定差异化的评估方案，以更好地满足不同学生的需求。在评估过程中，注重反馈是不可忽视的一环。及时、具体的反馈有助于学生更好地了解自己的不足之处，并调整学习方向。同时，要建立学生和教师之间的沟通渠道，使得双方能够及时交流意见，共同提高教学效果。此外，通过引入同学互评和自评的机制，可以培养学生的自主学习和团队协作能力。教学管理与评估还需要充分考虑多元化的评估手段，不能仅仅局限于传统的笔试形式，还要引入实践项目、小组合作、课程设计等多种评估方式。这有助于更全面地了解学生的学科水平和实际应用能力，从而更好地促进其全面发展。在教学管理和评估的过程中，要注重教学质量的提高。建立健全的质量监控机制，及时发现和纠正教学中的问题，以确保教学的有效性和持续改进。同时，要注重数据的收集和分析，通过教学数据分析，可以更好地了解学生的学科水平和学习习惯，为教学提供科学依据。高校体育在线学习平台中的教学管理与评估是确保教学质量的关键环节。通过建立健全的管理机制、科学合理的评估体系、及时有效的反馈机制、多元化的评估手段以及注重教学质量的监控和改进，可以更好地促进学生的全面发展，实现在线体育教育的最佳效果。

二、高校体育的远程教育

（一）远程体育教育技术与平台建设

高校远程体育教育技术与平台建设是当前教育领域的一项迫切任务。远程体育教育技术的引入使得学生可以在任何时间、任何地点进行体育学科的学习。这需要建立先进的技术体系和全面的平台框架，以确保学生能够获得高质量的在线体育教育。技术的支持是远程体育教育的关键。引入先进的教育技术，如虚拟现实（VR）、增强现实（AR）、云计算等，能够极大地丰富在线体育教育的教学手段。这些技术的运用使得学生能够更直观地体验体育运动，提高学科的易学性。同时，云计算技术的应用能够确保学生在任何地方都能够方便地获取教育资源，促使在线体育教育的全球化发展。远程体育教育平台的建设是技术运用的载体。平台应该具备高度的灵活性和可扩展性，以适应不同学科和教学需求的变化。建设一个全面的平台框架，包括教学内容管理、学生信息管理、教学资源库管理等多个方面，有助于提高远程体育教育的整体效果。同时，平台的设计需要注重用户体验，确保学生和教师能够轻松使用各种功能，提高在线教育的便捷性。平台建设中，对于教学内容的设计至关重要。内容需要科学合理，融合理论与实践，以确保学生能够全面掌握体育学科知识。此外，内容的呈现方式要多样化，可以通过文字、图像、视频等多种形式进行，以满足不同学生的学习习惯。在远程体育教育平台建设中，要注重互动性教学。通过设置在线讨论、小组合作、实时交流等功能，可以促进学生之间的互动，拓展思维，提高整体学科水平。教师和学生之间的实时沟通也是重要的一环，有助于解决学生在学习过程中遇到的问题，提高在线教育的质量。安全性也是远程体育教育平台建设中不可忽视的方面。要建立安全的网络环境，采用有效的数据加密和隐私保护措施，确保学生的个人信息和学习数据不受到泄露和滥用。平台的维护与更新也是持续的工作。要确保平台始终能够适应技术发展和教学需求的变化，及时更新和维护平台的各个功能模块，以保持平台的高效性和先进性。高校远程体育教育技术与平台建设需要充分利用先进的技术手段，构建全面的平台框架，注重教学内容的设计，提高互动性教学，确保安全性，同时做好平台的维护与更新。只有通过这样全面而系统的建设，远程体育教育平台才能更好地服务于学生，实现在线教育的高效发展。

（二）远程体育教育课程设计

远程体育教育课程的设计需要兼顾学科特点与在线教育的优势。课程的设计应当贴近体育学科的本质，注重理论与实践的结合，以促进学生对体育知识和技能的全面理解与掌握。同时，课程设计要充分利用在线教育的特点，借助先进的技术手段和平台资源，使学生能够在异地获得高质量的体育教育。在课程设计中，首先需要明确学科的核心内容和目标。体育学科涉及多个方面，包括运动生理学、运动心理学、运动训练学等多个专业领域。因此，课程设计要全面覆盖这些方面的知识点，并设定明确的学习目标，以确保学生能够全面掌握体育学科的核心概念和理论。课程设计还应充分考虑学生的实际需求和个体差异。由于学生在体能、兴趣和学科偏好等方面存在差异，课程设计应具有一定的灵活性，能够根据不同学生的需求进行调整。这包括设置不同难度的任务、提供个性化的学习支持，以满足学生在学科学习和兴趣发展方面的差异。远程体育教育课程设计要注重理论与实践的结合。理论知识的传授与实际操作的训练应该相辅相成，使学生既能够理解体育知识的原理，又能够将这些知识应用到实际体育运动中。通过在线视频、虚拟实验等方式，可以有效地促使学生在远程环境下获得实践经验。课程设计要注重培养学生的团队协作和创新能力。体育教育不仅仅关乎个体运动技能的培养，还包括团队协作、领导力等方面的素养。因此，课程设计要设置适当的小组合作任务，引导学生在团队中协作、交流，培养综合素质。在远程体育教育课程设计中，要充分利用先进的技术手段和在线平台资源。通过虚拟实验室、远程实训等方式，可以拓展学生的学科视野，丰富他们的学习体验。同时，多媒体教学、在线讨论等工具的应用有助于提高课程的互动性和吸引力。课程设计还要注重实时反馈和评估机制的建立。通过定期的在线测验、作业提交等方式，可以及时了解学生的学习情况，发现问题并进行及时纠正。同时，建立有效的评估体系，全面评价学生的理论水平和实践能力，为他们提供个性化的成长建议。远程体育教育课程的设计应该全面考虑学科特点、学生需求、在线教育的优势，并结合先进的技术手段，注重理论与实践的结合，培养学生的团队协作和创新能力，实现远程教育的有效发展。

（三）远程教育中的学生管理与支持

在高校体育远程教育中，学生管理与支持是重要的任务。有效的学生管理与支持体系能够帮助学生更好地适应远程学习环境，解决学业和生活中的问题，提高学习效果，实现全面发展。学生管理的关键在于建立健全的学籍和信息管理系统。通过远程技术手段，高校能够更方便地管理学生的学籍信息、学习进度等。这不仅为学生提供了方便快捷的学籍服务，也为教务管理提供了实时数据支持，以便更好地制订教学计划和进行资源分配。学生管理需要注重学业指导和教育规划。学校可以通过设立在线咨询服务、制订个性化学业计划等方式，帮助学生更好地规划学业，解决学习中遇到的问题。这有助于提高学生对学科知识的理解，促进学科水平的提升。学生支持方面也需要关注学生的心理健康。远程学习可能会导致学生在学习和生活上面临一些压力和困扰，因此，建立心理健康服务体系是至关重要的。通过在线心理咨询、心理健康课程等方式，学校能够更好地帮助学生解决心理问题，提升其心理素质。学生管理和支持需要加强学科知识培训。在远程学习环境中，学生可能需要更独立地进行学科学习，因此，提供专业的学科知识培训是非常必要的。通过在线课程、讲座等方式，学校可以帮助学生更好地理解和掌握体育学科的知识。学生支持也包括对学生学习技能和自主学习的培养。学校可以通过引导学生参与在线学习社区、提供学习技能培训等方式，激发学生的学习兴趣，培养其自主学习的能力。在学生管理中，学生参与管理的方式也是值得重视的。学校可以设立学生代表团队参与学校的决策和管理，使学生更加积极地参与学校的管理，增强学生的责任心和自我管理能力。学生管理和支持需要充分利用远程技术手段。通过建立完善的在线平台，学校可以方便地向学生提供各种服务，如学习资源的共享、在线答疑、实时通讯等。这有助于提高学生的学习体验，减少信息沟通的滞后性，为学生提供便捷的学习支持。高校体育远程教育中的学生管理与支持是一个多方面的系统工程，需要综合运用信息技术、心理健康服务、学科知识培训等多种手段。只有通过全面的学生管理与支持措施，学校才能更好地促进学生在远程学习环境中实现全面发展。

第三节 体育模拟软件与虚拟实境技术

一、高校体育模拟软件

高校体育模拟软件是一种先进的教学工具，它以数字技术为基础，模拟真实体育场景，为学生提供了直观、实用的体育学习体验。这类软件不仅仅是对传统教学方式的补充，更是促进体育教学创新和发展的有力工具。高校体育模拟软件的最大优势在于其逼真的模拟效果。通过先进的三维图形技术和物理引擎，这类软件能够高度还原体育场馆、器材和运动过程。学生可以在虚拟环境中进行真实感十足的体育活动，仿佛置身于实际运动场地，这为他们提供了直观的学习体验。高校体育模拟软件能够提供个性化的学习方案。不同学生在体育方面的兴趣和水平存在差异，传统教学难以满足每个学生的个性需求。而体育模拟软件可以根据每个学生的特长和兴趣定制个性化的学习计划，使学习过程贴近学生的实际情况，提高学习的针对性和有效性。高校体育模拟软件还有助于培养学生的协作精神。通过模拟团队运动，软件可以让学生在虚拟环境中与同伴合作，共同制定战术和策略，增强团队协作意识。这种协作模式不仅有助于提高学生的团队合作能力，也培养了他们在实际运动中的团队协作意识。高校体育模拟软件还可以提供实时反馈和评估。在模拟运动过程中，软件可以对学生的动作、技能和战术进行实时监测和评估。通过即时反馈，学生可以及时纠正错误，提高自己的运动技能，这有助于提高教学效果和学生学习的主动性。在教学设计方面，高校体育模拟软件也具备灵活性。教师可以根据学科内容和教学目标灵活调整软件的使用方式，创造多样化的学习环境。这种灵活性有助于教师更好地发挥教学创意，提高体育教育的吸引力和趣味性。高校体育模拟软件也面临一些挑战。比如，技术要求较高，需要高校配备先进的计算机设备和软件平台。这对一些资源有限的学校可能构成一定的制约。虽然模拟软件能够提供直观的体育场景，但它仍然无法完全替代实际运动训练的真实感。学生在虚拟环境中的体验可能无法完全代替实际运动中的身体感觉。高校体育模拟软件作为一种新型的教学工具，对于促进体育教学的创新和提高学生学习效果具有重要意义。通过逼真的模拟效果、个性化的学习方案、协作精神培养、实时反馈和评估，这类软件为体育教学提供了更多可能性。然而，高校需要克服技术和资源的限制，更好地整合体育模拟软件与教学实践，实现体育教育的创新和升级。

二、高校体育虚拟实境技术

在高校体育领域中，虚拟实境技术的崛起为体育教学与训练注入了新的活力。虚拟实境技术以其强大的模拟能力和沉浸式体验，为学生提供了更为真实、生动的体育学习环境。虚拟实境技术通过引入三维图像、交互式界面和虚拟感应技术，能够模拟出逼真的体育场馆、运动场地以及运动过程。这种技术不仅可以为学生提供真实感十足的运动体验，还能为教师提供更具创意性的教学方式。通过虚拟实境技术，学生可以在虚拟环境中进行多种运动项目的学习与实践，从而更好地理解体育规则和技能。虚拟实境技术的引入也为体育训练提供了全新的可能性。通过虚拟实境技术，学生能够在模拟的环境中进行运动技能的训练，如投篮、击剑、游泳等。这种虚拟的训练环境不仅提高了学生的运动技能水平，还有效地降低了学生在实际运动中的受伤风险，为体育教学的安全性和有效性提供了新的保障。在体育教育方面，虚拟实境技术为学生提供了丰富的学科内容。通过虚拟实境技术，教师能够创造出多种虚拟场景，如不同的体育场馆、不同地理环境下的运动比赛等。这为学生提供了多元的学科内容，帮助他们全面地理解体育知识，培养批判性思维和运动判断能力。在竞技体育方面，虚拟实境技术也有着广泛的应用。运动员可以通过虚拟实境技术进行实战模拟，感受不同场地和环境下的竞技情境。这不仅有助于提高运动员的应变能力和战术水平，还为教练提供了更多的数据和信息，用以调整训练方案和提高团队整体水平。虚拟实境技术在高校体育中的应用仍然面临一些挑战。首先，技术成本较高，需要学校投入大量资源进行设备和软件的购置。其次，学校需要培训教师和教练，使其熟练掌握虚拟实境技术的应用方法。最后，虚拟实境技术的更新换代速度较快，学校需要不断跟进技术发展，以保持在体育教育领域的竞争力。虚拟实境技术为高校体育教育带来了巨大的创新和发展机遇。通过模拟真实场景、提供个性化学习和训练体验，虚拟实境技术不仅为学生提供了丰富的学科内容，也为体育训练和竞技体育提供了全新的可能性。然而，要充分发挥虚拟实境技术的优势，学校需要克服技术、成本和培训等方面的困难，全面推进虚拟实境技术在高校体育领域的应用。

三、高校体育模拟软件与虚拟实境技术的融合

高校体育领域近年来迎来了模拟软件与虚拟实境技术的融合，这种融合不仅为体育教学和训练提供了丰富的工具，也为学生提供了沉浸式的学习体验。这一趋势的发展使得传统的体育教学模式得以颠覆，为创新性、多样性的体育学习和训练方式开辟了新的可能性。模拟软件与虚拟实境技术的融合提供了逼真的体育场景。传统的模拟软件通过三维图形和物理引擎模拟体育场馆、运动器材和运动过程，而融合虚拟实境技术后，学生能够在真实感极高的虚拟环境中进行体育活动。融合模拟软件与虚拟实境技术可以提供更具交互性的学习和训练环境。学生不再是单纯的观众，而能够通过虚拟实境技术与模拟软件进行互动，参与虚拟体育场景。这种交互性使得学生能够灵活地应对不同情境，更好地理解和掌握体育技能。融合还能够为个性化学习提供支持。通过融合模拟软件与虚拟实境技术，教师可以根据学生的兴趣、水

平和特长，定制个性化的学习和训练方案。这样的个性化学习环境有助于提高学生对体育学科的兴趣，增强学习动力，使教育贴近学生的实际需求。在体育训练方面，融合模拟软件与虚拟实境技术也展现出了巨大的潜力。运动员可以通过虚拟实境技术进行实战模拟，感受不同场地和环境下的竞技情境。模拟软件的引入则可以提供详细的运动技能训练，如击球的动作、游泳的姿势等。这使得运动员在实际比赛前能够充分地准备，提高比赛的竞技水平。模拟软件与虚拟实境技术的融合也能够为体育教育研究提供更多的数据和信息。通过对学生在虚拟环境中的表现进行记录和分析，教育研究者能够深入地了解学生的学习过程、技能发展和心理状态。这种数据驱动的研究有助于优化教学方法和训练策略，提高体育教学的质量。模拟软件与虚拟实境技术融合也面临一些挑战。首先，技术的不断更新迭代对学校的硬件和软件设施提出了更高的要求，需要学校及时跟进技术的发展。其次，学校需要投入大量的资源培训教师和教练，使其能够熟练使用这些先进的教学和训练工具。最后，学校要克服技术和硬件成本较高的问题，以确保融合技术在教学实践中的可行性。高校体育领域中模拟软件与虚拟实境技术的融合为体育教学和训练带来了新的机遇与挑战。通过逼真的体育场景、交互性的学习环境、个性化的学习方案以及数据驱动的研究，融合技术为提高体育教育的效果和培养学生的体育素养提供了有力支持。然而，要实现融合技术的最大效益，学校需要克服技术、成本和培训等方面的困难，积极推动融合技术在高校体育领域的应用与创新。

第四节　高校体育教学中的数字化资源

一、数字化资源在高校体育教学中的重要性

数字化资源在高校体育教学中的重要性不可忽视。这种资源的广泛应用不仅拓展了传统体育教学的边界，更为学生提供了多样和富有创意的学习方式。数字化资源的重要性体现在其能够实现教育内容的深度拓展、教学手段

的创新和学习过程的个性化三个方面。数字化资源在高校体育教学中有助于实现教育内容的深度拓展。传统的体育教学往往受制于教材和教室，使得学生对于体育知识的了解局限于有限的课堂时间。数字化资源的引入使得体育教育可以不受时间和空间的限制，学生可以通过网络平台获得更为深入的教学内容。数字化资源不仅可以提供生动和直观的教学材料，还能够通过图像、视频等形式展示复杂的运动技能和战术战略，使学生全面地理解和掌握体育知识。数字化资源为高校体育教学提供了创新的教学手段。传统的体育教学以教师为中心，学生往往是被动接受知识的一方。而数字化资源的引入使得教学过程灵活多样。通过虚拟仿真、在线互动等方式，学生可以参与丰富的教学场景。数字化资源还可以支持教师进行远程教学，使得学生可以在不同的地理位置参与同一课程，拓展了传统教学模式的边界，提高了教学的灵活性和适用性。数字化资源有助于实现体育教学的个性化。每个学生在体育方面的兴趣、水平和需求各异，传统的教学方式难以满足不同学生的个性化学习需求。而数字化资源通过提供个性化的学习路径、定制化的教学资源等，能够更好地适应学生的学习风格和进度。学生可以在数字化平台上根据自己的兴趣和需求选择适合自己的学习内容，提高了学习的效果和兴趣。数字化资源在高校体育教学中扮演着不可或缺的角色。它不仅为教育内容的深度拓展提供了可能，也为教学手段的创新和学习过程的个性化奠定了基础。随着科技的不断进步，数字化资源将进一步发挥其潜力，为高校体育教学注入更多创新和活力。教育者和学生应积极拥抱数字化资源，共同探索数字时代下的体育教学新模式，使得体育教育更富有活力、多样性和个性化。

二、数字化资源对学生学习和参与的影响

数字化资源在高校体育教学中的广泛应用，不仅改变了学生学习的方式，更深刻地影响了他们对体育学科的参与。数字化资源的引入为学生提供了便捷和多元的学习途径，同时激发了他们积极主动地参与体育学科的学习和实践。数字化资源的丰富性且易于获取使得学生的学习变得更为灵活。学生可以通过在线教材、视频课程和数字图书馆等数字化资源随时随地获取所需的学习资料。这种便捷性不仅满足了学生自主学习的需求，也提高了学习效率。数字化资源的多样性为学生提供了广泛的学科内容，使其能够在不同

领域进行深度拓展，从而更全面地理解和应用体育知识。数字化资源为学生提供了互动和参与的学习体验。在线学习平台、社交媒体和虚拟社区等数字化工具在学生之间和学生与教育者之间构建了紧密联系。学生可以通过这些平台分享自己的学习心得、参与讨论和合作项目，从而形成开放、协作的学习氛围。数字化资源的互动性激发了学生积极主动地参与学科讨论和实践活动，促使他们在学习中发挥更大的主观能动性。数字化资源也提供了个性化学习支持。学生可以通过在线测评、学科测验和智能化学习系统获得个性化的学习建议和反馈。这种个性化支持使学生能够有针对性地调整学习计划，更好地满足自身学科需求。数字化资源的智能化特征能够帮助学生有效地利用学习时间，提高学科水平。在体育教学中，数字化资源的应用还能够拓宽学生对体育运动的认知。通过数字化模拟软件、虚拟实境技术等工具，学生可以在虚拟环境中模拟体育运动，提高对运动技能的理解和掌握。数字化资源还可以为学生提供丰富的体育比赛视频、专业训练课程等，让他们深入地了解不同体育运动的规则和战术，激发他们对体育运动的热情和参与欲望。数字化资源对高校体育教学产生了深刻的影响，使学生的学习方式灵活、个性化，激发了他们积极主动地参与体育学科的学习和实践。数字化时代的到来为高校体育教育带来了新的可能性和挑战，促使教育者和学生更加注重创新和互动，以适应数字时代教育的发展趋势。

三、高校体育教学中的数字化资源类型

高校体育教学中的数字化资源类型多种多样，涵盖了广泛的领域，为教师和学生提供了丰富的学习工具。多媒体资源是数字化教学的重要组成部分。这包括图像、音频和视频等多种形式的媒体，能够直观生动地呈现体育知识和运动技能。通过多媒体资源，学生可以清晰地观察到正确的动作和技巧，提高了他们的学习效果。虚拟仿真技术为高校体育教学提供了新的可能性。虚拟仿真软件能够模拟真实的运动场景，使学生能够在虚拟环境中进行实际的体育活动。这种技术不仅为学生提供了更为真实的体验，还能够在安全的环境中进行高强度的训练，提高了学生的实际运动水平。在线课程和电子教材成为数字化体育教学的重要组成部分。学生可以通过网络平台获取到丰富的教学资源，包括课程视频、电子教材、在线测验等，使得学生可以随

时随地进行学习和检测，提高了教学的灵活性和便捷性。大数据分析技术也在高校体育教学中得到了广泛应用。通过对学生运动数据的收集和分析，教师可以更好地了解学生的运动水平和学习进度，有针对性地进行教学计划的调整。大数据分析还可以为体育研究提供更为全面和深入的数据支持，推动体育科研的发展。互动式软件和应用程序也为高校体育教学带来了创新。这类软件和应用可以通过互动性的界面，使学生更积极地参与学习过程。通过互动式软件，学生可以模拟运动动作、进行虚拟实验等，提高了学习的趣味性和参与度。高校体育教学中数字化资源类型的多样性使得教学过程更为丰富和灵活。从多媒体资源到虚拟仿真技术，从在线课程到大数据分析，这些数字化资源为教师和学生提供了丰富而全面的学习工具。相信随着技术的不断创新，数字化资源在高校体育教学中将继续发挥重要的作用，为培养更具专业水平和创新能力的体育人才提供更好的支持。

四、数字化资源的开发与应用

数字化资源在高校体育教学中的开发与应用是一项紧迫而深刻的任务。这一过程不仅仅涉及技术的创新，更需要深刻理解体育学科的本质和学生的需求。数字化资源的开发与应用将塑造未来体育教育的面貌，为学生提供更为丰富、深度的学习体验。数字化资源的开发首先需要考虑体育教学的特殊性。在体育学科中，动作和技能的实践性占据着重要地位，因此数字化资源的开发需要注重模拟和实践。虚拟现实技术和运动模拟软件的引入成为创新的关键。这些工具能够为学生提供虚拟的运动场景，让他们在虚拟环境中进行实际操作，增强其对运动技能的理解和应用。数字化资源的开发需要紧密结合体育学科的特性，力求在虚拟环境中还原真实运动的场景和体验。在数字化资源的应用中，教育者应积极探索在线学习平台和移动应用等工具。这些平台和应用可以为学生提供便捷的学习途径，使他们能够随时随地获取学科知识。通过在线平台，学生可以参与课程讨论、团队项目和实践活动，促进学生之间进行互动和合作。数字化资源的应用需要广泛地利用互联网和移动设备，以满足学生多样化的学习需求。数字化资源的开发与应用还需要关注学科知识的个性化传递。智能化学习系统的引入使得学生能够根据个体差异和学习需求获得个性化的学习建议和反馈。这种个性化支持使得学生能够更有针对性地调整学习计划，更好地适应体育教学的发展。数字化资源的应用需要注重学生个体差异，助力他们更有效地掌握体育学科的知识。数字化资源的开发与应用还应注重跨学科融合。体育教学不仅仅是对体育技能的培养，更需要关注生理、心理、社会等多方面的因素。数字化资源的开发需要与计算机科学、心理学、医学等学科进行深度融合，以便全面地满足学科知识的传递和实践需求。数字化资源的应用要能够综合多学科的知识，为学生提供全面的学科学习。数字化资源的开发与应用是高校体育教学中一项重要的任务。通过充分利用虚拟现实技术、在线学习平台、智能化学习系统等工具，数字化资源的开发与应用将为体育教学注入新的活力。这一过程需要教育者深入理解体育学科的本质，关注学生的需求，借助技术手段塑造丰富而有深度的学习体验，为学生提供有益的体育教育。

五、数字化资源在高校体育教学中的效果评估

数字化资源在高校体育教学中的效果评估是一个值得重视的议题。通过对数字化资源的实际运用效果进行综合评估，我们能够深入地了解其在体育教学中的贡献和挑战。效果评估不仅关注学生的学习成果，还涉及教学过程的改进、资源的优化等多个层面。数字化资源在扩大学生学习成果方面发挥了积极作用。通过数字化资源，学生能够直观、生动地接触到体育知识和运动技能。这使得他们能更容易地理解和掌握教学内容，提高了学习效果。尤其是通过虚拟仿真技术，学生可以在虚拟环境中实际参与体育运动，加深了对运动技能的理解，提高了实际操作的水平。在线课程和电子教材的应用也为学生提供了灵活的学习方式，使他们能够随时随地获取教学资源，有助于提高学习的主动性和积极性。数字化资源有助于优化教学过程，提高教学效率。多媒体资源的运用使得教师能够生动地展示体育知识和运动技能，激发学生的学习兴趣。虚拟仿真技术为教学提供了具有实践性的手段，使得教学贴近实际运动场景，提高了学生的参与度。互动式软件和应用程序的使用也使得学生能够更积极地参与教学互动，促进了师生之间的有效沟通。数字化资源在高校体育教学中也面临一些挑战，这些挑战需要在效果评估中得到认真对待。资源的质量和适用性需要得到评估。数字化资源的制作质量直接影响到学生的学习效果，因此需要对其进行精细的评估。不同学科和不同层次

的体育教学可能需要不同类型的数字化资源，因此资源的适用性也需要得到充分考虑。数字化资源的使用需要合理的教学设计。过度依赖数字化资源可能导致教学变得单一和呆板，缺乏灵活性。因此，在评估数字化资源的效果时，需要考察教师如何巧妙地融入这些资源，使其成为教学的辅助工具而非主导因素。教师的数字化素养也是影响效果的重要因素，需要注重对教师的培训和支持。数字化资源的效果评估还需要关注学生的学习体验和反馈。学生的参与感、满意度和学习动机是评估的重要指标。通过听取学生的意见和建议，可以更好地了解数字化资源在体育教学中的实际效果，为改进提供有益的信息。数字化资源在高校体育教学中的效果评估是一个复杂而综合的过程。它不仅涉及学生的学习成果，还包括教学过程的改进、资源的优化等多个方面。只有通过全面而深入地评估，才能更好地发挥数字化资源在高校体育教学中的潜力，提高教学质量和效果。

高校体育教学将迎来广阔的发展空间。随着科技的不断创新和社会的快速发展，数字化技术将继续在体育教育中发挥重要作用。虚拟现实技术、智能化系统以及在线学习平台等数字化资源将融入高校体育教学的方方面面，为学生提供丰富、全面的学科体验。未来的高校体育教学将注重跨学科融合，不仅强调运动技能的培养，还关注生理、心理、社会等多方面的因素。数字化资源的开发将与计算机科学、心理学、医学等学科深度融合，为体育教学提供全面支持。学生将在虚拟环境中进行运动体验，同时深入了解运动科学的各个层面，培养出兼具综合性和专业性的体育素养。未来，数字化资源将强化个性化学习的理念。智能化系统将根据学生的个体差异和学习需求提供个性化的学习建议和反馈，使得学生能够有针对性地调整学习计划，更好地适应体育教学的发展。这一趋势将推动教育者更加关注学生的个性化需求，促使体育教育贴近学生的实际情况和兴趣。未来高校体育教学注重互动与合作。在线学习平台和虚拟社区等数字化工具将为学生提供便捷的互动方式。学生可以通过这些平台分享学科心得、参与讨论和合作项目，形成开放、协作的学习氛围。数字化资源的应用将激发学生积极主动地参与体育学科的学习和实践，促使学生之间形成紧密联系。在未来，高校体育教学继续关注数字化技术在体育运动的模拟和实践中的创新。虚拟现实技术和运动模拟软件的发展将使学生能够在虚拟环境中模拟实际运动，更好地理解和掌握运动技能。数字化资源的开发将力求在虚拟环境中还原真实运动的场景和体验，提高学生对体育运动的认知和参与度。未来高校体育教学的发展将紧密围绕数字化资源的开发与应用展开。这一趋势使得体育教育灵活、个性化，为学生提供丰富而有深度的学科体验。数字化时代的到来将推动高校体育教学不断创新，以满足学生多样化的学习需求，培养更具综合素养的体育专业人才。

第三章　高校体育教学的课程设计

第一节　体育课程设计的原则与流程

一、高校体育课程设计的原则

（一）多元化体育原则

高校体育教学需要遵循多元化体育原则满足学生多样性的需求。这一原则体现在教学内容、教学方法以及评价体系的多样性上。多元化的教学内容是体育教学的基石。教育者应该注重使教学内容涵盖不同体育项目、运动方式和文化体验的多元素，确保学生在体育教学中能够接触到丰富的运动形式。这不仅有助于激发学生对不同体育活动的兴趣，也能促使他们形成更为全面的体育素养。多元化的教学方法是实现体育教学多元化的关键。教育者应该根据学生的兴趣、特长和体质状况，采用多样的教学方法，包括示范、讨论、小组合作等。通过不同的教学手段，学生可以在更加自主和灵活的环境中进行学习，激发他们的学习兴趣和动力。在体育教学中，评价体系的多元化也是至关重要的。传统的评价方式主要以体能测试和技能考核为主，忽略了学生其他方面的发展。多元化的评价体系应该包括对学生身体素质、运动技能、体育知识以及团队协作等多个方面的评估。这有助于全面地了解学生在体育教学中的表现，促使他们在不同层面上有所突破。多元化体育原则还体现在体育课程的组织与安排上。学校应该为学生提供丰富多样的体育课程选择，以满足他们个体差异的需求。同时，灵活的时间安排和场地利用可以让学生自由地选择适合自己的运动项目，提高体育教学的实效性。高校体育教学需要贯彻多元化体育原则，通过多样化的教学内容、教学方法、评价体系以及课程组织，创造丰富和灵活的教学环境。这有助于激发学生对体育的浓厚兴趣，推动其全面发展，为高校体育教学的质量提供更为可持续的支持。

（二）实践与理论的结合原则

高校体育教学的实践与理论的结合是重要的原则。理论是指导实践的灵魂，而实践是检验理论的最终标准。在体育教学中，实践与理论的结合不仅有助于教学内容丰富和深入，还能够提高学生对体育学科的认知水平。理论的深入研究为体育教学提供了坚实的理论基础。理论的研究有助于教育者更好地理解运动、身体和健康的本质，从而为教学活动提供科学的依据。理论不仅包括对体育运动规律的认知，还包括对教学方法、学生发展心理等方面的深刻思考。通过对理论的深入研究，教育者可以更好地指导体育教学实践，确保教学活动更具有科学性和实效性。理论的运用能够为实践提供有效的指导。理论应不仅仅停留在抽象的学科知识层面，更要转化为具体的教学策略和方法。教育者通过理论的指导，可以更好地规划教学活动，选择合适的教学手段，以促进学生的全面发展。理论的运用有助于提高教学的针对性和实效性，使得实践具有指导性和科学性。实践与理论的结合还能够促进体育教学的不断创新。通过理论的引导，教育者可以更好地发现和解决实践中的问题，推动教学方法的不断创新。实践中的经验也能够反馈到理论的构建中，促使理论贴近实际教学需求。理论与实践的相互作用，使得体育教学能够不断得到更新和提升，适应不断变化的教育环境。实践与理论的结合有助于提高学生的学科素养。学生通过实际运动和活动，能够更加深入地理解理论知识。同时，理论的引导使得学生在实践中能够有目的地进行体育活动，提高运动技能的同时更好地理解体育学科的内涵。实践与理论的相互贯通，有助于培养学生更为全面的体育素养。在实践与理论的结合中，还需要注重教育者的实际能力与素质。教育者需要在理论学科知识的基础上，具备丰富的实践经验，能够灵活地将理论知识转化为实际教学策略。同时，通过不断地实践，教育者也能够发现和深化对理论的认识，形成成熟和系统的教学理念。

二、高校体育课程设计的流程

（一）学生群体分析

高校体育课程设计应充分考虑学生群体的多样性和个体差异，以确保体育教学更好地适应学生的需求和特点。学生群体分析是体育课程设计的基础，通过对学生年龄、兴趣、体能状况、文化背景等方面的综合了解，能够更精准地制定符合学生实际情况的体育教学计划。学生群体分析应关注学生的年龄层次。不同年龄段的学生对体育活动的兴趣和需求存在显著差异。对于大学生这一群体，年龄跨度较大，因此体育课程设计需要根据学生的年龄层次差异，设计不同内容和难度的体育活动，以满足不同年龄层次学生的需求。体育课程设计应关注学生的兴趣爱好。不同学生对于体育活动的兴趣爱好存在差异，有的学生喜欢团体运动，有的喜欢个体运动。通过充分了解学生的兴趣爱好，体育课程可以更有针对性地设计不同类型的体育项目，激发学生参与的积极性。体育课程设计还需要关注学生的体能状况。学生的体能水平各异，有的具备较好的运动基础，而有的可能相对较差。因此，体育课程设计应该合理分层，根据学生的体能状况设计相应难度的活动，使每个学生都能在适宜的水平上得到锻炼，提高体育活动的参与度。学生群体分析还需关注学生的文化背景和地域特色。不同文化背景和地域特色对学生的体育兴趣和运动方式有着重要的影响。体育课程设计应该充分考虑学生所处的文化环境和地域特点，引入符合当地文化和风俗的体育元素，使体育课程更加贴近学生的实际生活。性别差异也是学生群体分析中的重要因素。男女生在体育活动的兴趣和能力上存在差异，因此体育课程设计应该根据性别特点，合理安排不同性别学生的体育活动，既保障了性别平等，又提高了体育教学的针对性，学生群体分析还需关注学生的心理特点。大学生心理发展阶段较为敏感，面临着各种压力和挑战。体育课程设计应该注重通过体育活动促进学生的心理健康，提高他们的抗压能力和情绪管理能力。同时，体育课程设计还应该关注学生的动机和激励机制，通过创造积极的体育氛围，激发学生的学习兴趣和参与热情。

（二）学科内容规划

高校体育课程的学科内容规划应该根据学科特点和学科目标，科学合理地组织体育课程的内容，使其能够全面培养学生的体育素养。学科内容规划的关键在于结合学科本身的特性和学生的需求，以确保体育课程既有足够的深度，又具备广泛的适用性。体育课程的学科内容规划应充分考虑体育学科的科学性和理论性。体育不仅是一种实践活动，也是一门具有科学体系的学科。因此，学科内容规划应注重对体育理论知识的传授，包括但不限于运动生理学、运动心理学、运动训练学等方面的内容。通过深入的理论学习，学生能够更好地理解体育活动的本质和规律，为实践运动提供科学的指导。体育课程的学科内容规划应注重培养学生的运动技能。体育学科的核心之一是培养学生的运动技能，包括但不限于各类体育项目的基本技能和战术技能。学科内容规划应合理组织各类体育项目的学习和训练，通过系统的技能训练，提高学生在特定运动项目中的表现水平。学科内容规划还应考虑到不同层次和不同类型的运动。体育涵盖了众多的运动项目，包括竞技性运动、休闲性运动、健身性运动等。学科内容规划应该设计多样的运动项目，既有助于满足学生的个性化需求，又能够全面培养学生的体育素质。体育课程的学科内容规划还应注重培养学生的身体素质。身体素质是体育活动的基础，包括有氧耐力、肌肉力量、柔韧性等方面的素质。学科内容规划应该科学合理地组织身体素质训练，以提高学生的身体适应性和整体身体素质水平。学科内容规划还应注重对体育文化和体育价值观的传承。体育不仅是一种身体活动，还承载着丰富的文化内涵和价值观念。学科内容规划应该引导学生深入了解体育的历史、传统和文化背景，培养他们对体育的文化认同塑造他们的体育价值观。在学科内容规划中，也要充分考虑跨学科的融合。体育与其他学科如心理学、医学、社会学等有着密切的联系。学科内容规划可以借助跨学科的资源，将不同学科的知识有机结合，形成更为综合丰富的学科内容。这有助于提升体育课程的学科内涵和实际应用性。学科内容规划应考虑到体育课程的实际操作性。理论知识的传授和学科内容的规划需要与实际运动训练相结合，使学生在理论学习的基础上能够灵活运用知识，提高他们在实践中的综合素质。高校体育课程的学科内容规划需要在理论性和实践性之间找到平衡点。通过充分考虑体育学科的科学性、技能培养、多样性运动项目、身体素质训练、体育文化和价值观的传承以及跨学科融合等方面的因素，学科内容规划才能够更好地满足学生的需求，推动体育课程的发展，培养学生全面发展的体育素养。

（三）课程调整与改进

高校体育课程设计中的课程调整与改进是必要而复杂的任务。这涉及对现有课程的深入分析，进行针对性的调整，以满足学生的实际需求，并不断改进以适应时代发展。在进行课程调整与改进时，需要关注多个方面的因素，以确保课程更具针对性、实用性和适应性。课程调整与改进需要根据学生的反馈和需求进行。通过收集学生的意见和建议，了解他们对体育课程的期望和实际感受。这有助于发现课程中存在的问题和不足，从而有针对性地进行调整。学生的反馈是课程改进的重要依据，可以帮助教师更好地理解学生的需求，使课程更贴近学生的实际情况。课程调整与改进还需要考虑社会和行业发展的趋势。随着社会的不断变化和发展，体育领域也在不断演变。因此，课程设计需要与时俱进，关注体育行业的新兴趋势和发展方向，及时调整课程内容，使之符合当前社会的需求。这有助于培养学生更具有竞争力的体育素养，使其更好地适应未来的职业发展。课程调整与改进还需考虑到不同学科之间的关联性。体育不仅仅是一门单一的学科，还与其他学科有着紧密的关联。课程设计应该充分考虑跨学科的整合，促进不同学科之间的知识互通，使学生能够更全面地理解体育的多样性和综合性。这有助于提高学生的学科整合能力，使其更好地应对复杂多变的实际问题。在进行课程调整与改进时，也需要注重教学方法的创新。采用多样的教学方法，如案例教学、项目式教学、实践教学等方法，可以激发学生的学习兴趣，提高他们的学科参与度。通过引入新颖的教学方法，可以使体育课程更具活力和吸引力，使学生更主动地参与学科学习，从而提高学科的教育效果。课程调整与改进还需要注重教材的更新。体育领域的知识在不断更新，新的理论和实践经验不断涌现。教材的更新是保持课程活力和时效性的重要手段。通过引入最新的教材，可以使学生更好地了解行业最新发展动态，提高他们的实际运用能力，使课程更具实用性和前瞻性。课程调整与改进还需要注重评估和监测。通过定期对课程进行评估，收集相关数据，了解课程的实际效果和存在的问题，为进一步的调整提供依据。监测课程的实施过程，及时发现并解决可能出现的问题，以确保课程的顺利进行。

第二节　高校体育课程的内容与结构

一、高校体育课程的内容

（一）体育科学基础

高校体育科学基础的建构是一项需要"精心雕琢"的任务，其追求的不仅仅是知识的传递，更是对身体运动的深层次理解。在体育科学的基石上，我们应该建立一个有机的体系，通过对解剖学、生理学和运动心理学等多个层面的深度挖掘，构建一个关于身体与运动的立体认知。解剖学为我们提供了对身体结构的精细认识，使我们能够深入了解肌肉、骨骼和关节的结构特点，为体育活动中的运动机理奠定坚实的基础。生理学是体育科学的又一重要支柱，它通过对身体各器官系统的功能和相互关系的研究，揭示了运动时身体内部的生理变化。这种深入的生理学认知不仅能让我们理解运动时血液、呼吸、能量代谢等系统的协调工作，更能为合理的运动训练提供科学依据。生理学的研究使我们明白，身体的各个系统不是孤立的，而是相互作用、相互影响的，体育活动对身体产生的影响也是全面而复杂的。运动心理学则站在了一个全新的角度，将焦点聚焦在运动员的内心世界。它深入挖掘人在运动中的心理活动，研究运动员的动机、情感、焦虑等心理因素对运动表现的影响。在体育科学的范畴中，运动心理学的贡献可谓独一无二，它揭示了运动员心理素质对竞技表现的重要性。运动心理学的理论支持有助于我们更好地了解运动员在关键时刻的心理状态，为培养良好的心理素质提供了有效的方法和策略。高校体育科学基础的建构需要从多个角度深入挖掘，各个学科之间相辅相成，形成一个立体的知识网络。解剖学为我们提供了对身体结构的详细认识，生理学揭示了运动时身体内部的生理变化，而运动心理学关注了运动员的内心世界。这三者相互交织、相辅相成，共同构建起对身体与运动深刻理解的体育科学基础。只有在这个基础上，我们才能更好地指导体育活动、促进运动员的全面发展，为体育科学的不断发展注入源源不断的活力。

（二）核心教学内容

高校体育教育中的运动心理学和运动生理学是体育学科领域中不可或缺的两个重要组成部分。运动心理学关注运动对个体心理层面的影响，探讨运动行为与心理状态之间的关系。运动生理学则侧重于研究运动对生理系统的影响，深入剖析运动与身体各系统之间的密切联系。运动心理学的理论体系主要包括运动动机、焦虑与压力、注意力与集中、自我效能等多个方面。这些理论体系旨在揭示运动对个体心理层面的影响机制。通过深入了解运动者的心理特点，教育者可以更好地引导学生培养积极的运动态度和心理素质，提高运动表现水平。运动心理学还关注团队合作与领导力等方面，促使学生在团体运动中更好地协调与合作。运动生理学则关注运动对生理系统的影响，涵盖心血管系统、呼吸系统、代谢系统等多个层面。通过深入研究运动与生理的关系，可以更好地指导运动训练，提高运动员的身体素质。运动生理学的深入研究，也有助于为运动相关疾病的预防和康复提供科学依据。运动心理学和运动生理学的交叉融合，为体育教育提供了更为全面的视角。运动者的心理状态和生理状况密切相连，两者相辅相成，共同影响运动表现。通过深入研究运动者在训练和比赛中的心理和生理反应，教育者能够有针对性地设计培训计划，提高学生的综合素养。在实际教学中，将运动心理学和运动生理学纳入体育教育的课程，有助于学生全面地理解运动的本质。通过深入了解运动对个体心理的影响，学生能够更好地应对竞技场上的挑战，提高心理抗压能力。理解运动对生理系统的影响，有助于学生科学地进行训练，预防运动损伤，提高身体素质。运动心理学和运动生理学的研究也为体育科研提供了丰富的素材。通过深入挖掘运动者的心理和生理特点，可以为训练理论的完善和创新提供理论支持。这些研究成果有助于探索新的训练方法和方向，为体育科研的发展带来新的思路。运动心理学和运动生理学在高校体育教育中的地位举足轻重。它们共同构建了体育学科的理论体系，为学生提供了全面的学科知识。通过深入研究运动的心理和生理反应，不仅能够提高运动员的竞技水平，也有助于推动体育科研的不断发展。在未来的体育教育中，运动心理学和运动生理学将继续发挥重要作用，为培养更出色的运动员和推动体育科研取得更大成就提供坚实的理论基础。

体育文化和体育伦理是高校体育课程中不可或缺的重要组成部分。体育文化承载着深厚的历史和传统，是体育活动与社会、文化相互交融的产物。而体育伦理则关注体育行为的道德规范和原则，强调在体育活动中培养健康的道德品质。高校体育课程应当充分融入体育文化和体育伦理的教学内容，通过深入挖掘历史文化底蕴和道德观念，引导学生树立正确的体育价值观和伦理道德观。体育文化的教学应注重对体育历史和传统的深入探讨。通过了解体育的发展历程、不同文化中的体育传统，学生能够更好地理解体育活动在社会中的地位和作用。体育文化教学不仅涉及体育运动的技术方面，更关乎对不同文明背景下体育的独特贡献和价值的认识。通过学习体育文化，学生能够更好地领会体育的多元性和包容性，形成对文化多样性的尊重和理解。体育伦理的教学应当注重培养学生的道德责任感和行为规范。体育伦理关注体育活动中的道德标准和规范，强调诚实、公平、尊重等价值观念。在体育课程中，应当通过案例分析、角色扮演等方式，引导学生深刻体会良好的体育伦理行为对个人、团队以及整个社会的积极影响。通过培养良好的体育伦理观念，学生能够更好地融入体育社区，形成健康、积极的体育行为习惯。高校体育课程还应该加强对体育文化和体育伦理的整合教学。体育文化和体育伦理并非孤立存在，它们相互渗透、相互影响。通过将体育文化和体育伦理有机地结合起来，可以使学生全面地理解体育的本质和意义。这不仅有助于提升学生对体育价值的认同，更能够引导他们在体育活动中遵循良好的伦理原则，形成积极的人生观和行为准则。体育文化和体育伦理的教学还应该强调对现代体育问题的思考和解决能力的培养。随着社会的发展，体育领域也面临着诸多新的伦理挑战和文化变革。高校体育课程应当引导学生思考诸如体育商业化、兴奋剂问题、体育公平性等现代社会面临的复杂伦理问题，并培养他们在未来面对这些问题时能够独立思考、正确判断的能力。高校体育课程的教学中，体育文化和体育伦理的有机结合是至关重要的。通过深入挖掘体育的历史渊源和传统文化，培养学生对文化多样性的尊重和理解；通过强调体育伦理的培养，引导学生形成正确的体育道德观念，促使他们在体育活动中不仅注重个体技能的提高，更能够以良好的道德风范为社会做出积极贡献。这样的体育课程设计能够更好地引导学生全面发展，为其未来的职业生涯和社会交往提供坚实的道德基础。

（三）团队合作与战术

体育课程中的团队合作和战术是学生综合发展不可或缺的一环。通过团队合作，学生能够培养相互协调的能力，共同达成团队目标；战术训练则帮助学生理解比赛中的策略和技巧，提高在竞技场上的竞技水平。在团队合作方面，体育课程为学生提供了共同锻炼的平台，培养了学生在集体中相互支持的能力。在团队运动中，每个队员都扮演着重要的角色，需要密切协作以取得成功。通过与队友共同训练和比赛，学生不仅仅学到了如何配合队友，更体验到了共同奋斗的喜悦。这种合作精神不仅在体育场上有所体现，也在日常生活中产生积极影响。通过深入研究比赛规则、对手的弱点和自身的优势，学生能够制定明智的战术，取得更好的比赛成绩。战术不仅仅是单纯的技术运用，更是一种思维方式。学生通过体育课程学到的战术思维能力，不仅可以应用在体育比赛中，也可以在日常生活和职业发展中找到运用的空间。在团队合作和战术学习的过程中，学生还能够培养领导才能。在团队合作中，学生既需要学会服从指挥，也要具备发挥个人特长的能力。通过了解自己的优势和弱点，学生可以在团队中扮演更加合适的角色。在战术方面，学生要学会分析形势、制定计划，并能够在关键时刻果断地做出决策。这种领导才能的培养对于学生未来的成长和职业发展都有着积极的促进作用。团队合作与战术在高校体育课程中的融合不仅仅是为了提高学生的运动水平，更是为了培养学生在团队协作、战术思维和领导力等方面的全面素养。通过体育课程的磨练，学生将更好地适应社会生活，展现出积极向上的团队精神和战胜困难的毅力。这种综合素养的培养，将为学生未来的职业和社会交往提供坚实的基础。

二、高校体育课程的结构

（一）课程结构设计

高校体育课程结构的设计涉及多个方面，需要综合考虑学科特点、学生需求、社会要求等众多因素。在设计体育课程结构时，应注重形成合理的体系，使得各个组成部分相互协调、相互补充，共同促进学生的全面发展。课程结构应包含基础理论知识的传授。体育学科作为一门综合性的学科，需要通过传授基础理论知识，使学生建立起对体育学科的整体认识。这包括体育运动的基本原理、运动生理、运动心理等方面的知识。基础理论知识的传授有助于学生深入理解体育的本质和规律，为他们后续的学科学习和实践活动打下坚实基础。课程结构应涵盖多样化的体育项目。在高校体育课程中，学生可能具有不同的体育兴趣和擅长方向。因此，课程结构应设计多样的体育项目，包括球类运动、田径、健美操等多个方向。通过提供多样性的体育项目，有助于满足学生的个性化需求，促使他们在多个方面获得锻炼和提升。课程结构还应包含实践性教学环节。理论知识的学习只是体育教育的一部分，实践性教学则更为关键。通过组织各类实际运动活动，使学生能够将理论知识应用到实际运动中。这有助于提高学生的运动技能，培养其实际动手操作的能力。实践性教学环节还能够激发学生的兴趣，使他们深入地参与体育学科的学习。课程结构还应考虑到团队协作和竞技精神的培养。在高校体育课程中，通过组织集体活动、团队比赛等形式，培养学生的团队协作精神。体育活动中的竞技元素有助于激发学生的竞争意识和挑战精神。通过竞技活动，学生能够体验到胜利和失败，培养积极向上的人生态度。课程结构应注重综合素质的培养。体育课程不仅仅是技能的培养，更是为学生全面发展提供机会。

因此，课程结构中应包含对学生综合素质的培养，包括身体素质、心理素质、社交素质等方面。通过全面的素质培养，学生能够更好地适应社会的多样性，更好地发挥个体潜能。高校体育课程结构的设计需要综合考虑基础理论知识、多样化的体育项目、实践性教学环节、团队协作和竞技精神的培养以及综合素质的培养等多个方面。只有通过有机地整合这些要素，形成合理的体系，才能够更好地实现体育课程的教育目标，促进学生全面发展。

（二）运动技能和基本动作

高校体育课程的核心之一即运动技能和基本动作的培养。运动技能和基本动作作为体育训练的重要组成部分，承载着培养学生身体素质、提高运动水平的重要任务。通过系统的训练，学生不仅能够掌握各类运动的技能，更能够在体育运动中展现出独特的个体风采。在运动技能方面，体育课程注重学生对不同运动项目的全面掌握。无论是球类运动、田径、游泳还是体操，每个项目都涉及独特的技术动作。学生通过反复的练习，逐渐熟练掌握各项运动的技巧。这不仅对学生身体的协调性和灵活性提出了更高要求，同时也为他们未来深入的运动训练打下了坚实基础。而基本动作的培养是学生体育素养的基础。从走路、跑步、跳跃等基本的动作开始，体育课程通过系统性的训练帮助学生逐渐提高这些基本动作的标准化程度。通过细致入微地指导和不懈地练习，学生能够形成规范、流畅的基本动作，为更高层次的运动技能打下牢固基础。体育课程的运动技能和基本动作培训不仅仅关注表面的动作演练，更注重学生对身体的感知和掌握。通过深入理解每个动作的关键点和要领，学生在运动中能够自如地表达自己。这种体悟不仅仅是技术上的把握，更是对身体潜在能力的挖掘，使学生能够在实际运动中更富有创造性。在整个过程中，体育课程强调个体差异的尊重。每个学生在运动技能和基本动作的学习中，都会面临各自的难题和挑战。体育教育注重在理解学生个体差异的基础上，制订个性化的训练计划，鼓励学生发挥自己的优势，同时在弱点上有针对性地进行训练。这样的差异性培养既能够满足每个学生的特殊需求，也能够在整体上提高班级的水平。高校体育课程在运动技能和基本动作的培养中，通过系统性训练、注重感知和理解、尊重个体差异，致力于培养学生全面发展的体育素质。这不仅为学生提供了在体育运动中表现个体特色的机会，更为他们未来的运动训练和生活中的健康发展打下了坚实基础。

（三）运动项目的战术与策略

运动项目的战术与策略在高校体育课程中具有重要意义。学生通过学习和实践，逐渐领悟到战术和策略在体育比赛中的关键作用。战术不仅仅是对手的对抗，更是一种智力与技巧的较量，决定着比赛的胜负。而战术的学习，不仅在体育领域中发挥作用，也在学生日常生活和职业发展中起到引导和启迪的作用。在运动项目中，战术的学习是一种理论与实践相结合的过程。学生需要深入了解每个运动项目的规则和特点，分析对手的强项和弱点。通过对比赛局势的判断和合理的决策，能够更好地应对不同的比赛情境。战术的灵活运用不仅要求学生具备出色的运动技能，更需要他们具备冷静思考和快速反应的能力。战术不仅仅是个体的斗智斗勇，更是团队协作的重要组成部分。在团队运动中，战术的制定和执行需要队员之间的默契和协同。通过团队合作的方式，能够更好地发挥每个队员的特长，最大程度地发挥团队的整体实力。团队战术的学习，培养了学生在集体协作中的沟通与配合能力，使其在体育比赛中与队友形成无声的默契。除了团队合作，个人战术的培养同样不可忽视。每个运动员在比赛中都需要根据实际情况进行灵活应变。通过对个人技能的深入了解和不断练习，学生能够在关键时刻采取恰当的战术，有效攻守。个人战术的培养不仅在比赛中具有决定性的影响，更在培养学生的自主思考和独立解决问题的能力上起到积极的推动作用。战术的学习并非一成不变，而是需要根据实际情况进行不断的调整和创新。在体育课程中，学生将通过反复的实践和模拟比赛，逐渐积累经验，发现不同战术的优劣，并学会根据比赛的实际情况进行灵活的调整。这种灵活性的培养，使学生在未来的比赛和生活中都能从容应对各种挑战。高校体育课程中的运动项目的战术与策略的学习，不仅仅是为了提高学生在比赛中的竞技水平，更是为了培养他们在面对竞争和挑战时的智慧和冷静。这种战术思维的培养，将为学生未来在体育比赛、职业发展和生活中的种种情境提供有力的支持。

第三节　跨学科课程与综合能力培养

一、跨学科课程

（一）跨学科课程理论和原则

高校体育教育中的跨学科课程理论是一种整合不同学科知识和方法的教学理念。它强调了跨学科的融合，将体育教育与其他学科有机结合，以拓宽学科视野，提高学科的综合性和实用性。跨学科课程理论的核心理念在于创造更为综合、深入的学科学习体验，促进学生全面发展。跨学科课程的首要目标是打破学科之间的界限，实现不同学科之间的有机融合。在体育教育中，这意味着将体育学科与其他学科，如心理学、生理学、社会学等进行有机结合。通过整合不同学科的知识，可以全面地理解体育运动的本质，深入探讨运动对个体心理和生理的影响，以及运动在社会中的角色和意义。跨学科课程理论倡导的是学科之间的相互渗透和互相促进。在体育教育中，可以通过将运动科学、心理学和社会学等学科有机结合，促使学生在学习体育知识的同时能够理解运动的多维影响，培养综合分析问题和解决问题的能力。这样的学科融合有助于培养出更具综合素养的体育专业人才。跨学科课程理论的另一个关键点是强调实践导向。在体育教育中，理论知识与实际操作的结合是至关重要的。通过将运动科学、心理学和社会学等理论知识应用到实际运动中，学生可以更好地理解和掌握知识，培养实际操作的能力。跨学科的实践导向课程可以使学生更好地适应未来体育领域的需求，提高他们的实际竞争力。跨学科课程理论还着眼于培养学生的创新思维和解决问题的能力。通过将不同学科的知识有机整合，学生将面临复杂和多样的问题，需要跨越多个学科领域来进行全面分析和解决问题。这种综合性的学科学习体验有助于培养学生的创新意识和跨学科思维，提高他们在未来复杂环境中解决问题的能力。跨学科课程理论为高校体育教育提供了综合、深入的教学理念。通过打破学科壁垒、促进学科融合，跨学科课程使体育教育更具全面性和实用性。在培养学生的同时，它为学科领域的发展带来了新的可能性，推动体育教育适应社会发展的需要，培养更具综合素养的体育专业人才。高校体育课程中的跨学科课程应当遵循一系列原则，以确保课程的有效性、综合性和实际应用性。这些原则涵盖了课程的多个方面，从学科整合到教学方法的选择，都对培养学生的全面素质起着关键作用。跨学科课程应注重学科整合和交叉融合。学科整合是跨学科课程的基石，要求将不同学科的知识和概念有机结合，形成一体化的学习体验。这有助于打破传统学科的壁垒，使学生能够在实际问题解决中运用多学科知识，培养跨领域思维能力。跨学科课程要关注学生的实际需求和兴趣。课程应当紧密结合学生的专业方向和兴趣点，使其在学习过程中能够找到真正的动力和价值。通过考虑学生的实际需求，跨学科课程能够更好地满足个体差异，激发学生的学习热情。跨学科课程应强调问题导向的学习。问题导向的学习将实际问题置于学习的核心，引导学生通过解决问题来获取知识和技能。这有助于培养学生的实际问题解决能力，使他们在学术和职业领域都能更好地应对复杂的挑战。跨学科课程要强调培养跨文化和国际化的视野。随着全球化的发展，学生需要具备跨文化交流和合作的能力。跨学科课程应当融入国际化的元素，使学生在课程中接触不同文化的观念和实践，培养跨文化沟通和合作的技能。跨学科课程要注重实践性和应用性。理论知识的学习应当与实际运用相结合，使学生能够在实践中巩固所学的知识和技能。这有助于提高学生对知识的理解深度，培养他们在实际场景中运用知识的能力。跨学科课程要追求灵活性和创新性。教育领域和学科发展日新月异，跨学科课程应当具备灵活的适应性，能够随时调整以适应新的教学理念和实践。应当鼓励创新思维，培养学生的创造力和创新精神。高校体育课程中的跨学科课程需要遵循学科整合、关注学生需求、问题导向学习、跨文化视野、实践性和应用性、灵活性和创新性等原则。通过合理运用这些原则，能够使跨学科课程贴合学生的发展需求，培养具备综合素质的人才，使其更好地适应未来社会的挑战。

（二）跨学科课程设计

高校体育教育中的跨学科课程设计是一项需要精心构思的任务。该设计要考虑到不同学科领域的整合，以达到全面培养学生的目的。跨学科课程的设计需要注重多元化和灵活性，使学科融合，同时保证学科内容的深度和广度。跨学科课程的设计需要考虑到各个学科领域的核心知识。通过明确各学科的核心概念和理论框架，可以确保学生在学习过程中能够深入理解各个学科的基础知识。这有助于建立学科之间的连接，使跨学科的学习更为有条不紊。跨学科课程设计要注重学科之间的交叉融合。通过合理安排课程内容，将不同学科的知识和方法有机地结合在一起。例如，在体育教育中，可以将生理学知识与心理学理论结合，深入研究运动对身体和心理的影响。这样的交叉融合有助于学生形成全面的学科认知体系。跨学科课程设计需要关注学科内容的延伸和拓展。通过设置专题研究、案例分析等形式，引导学生深入探讨跨学科问题，培养他们的独立思考和解决问题的能力。这样的延伸和拓展有助于激发学生的学科兴趣，使他们在学科学习中能够深层次地理解知识。在课程设计中，实践性要素是重要的一部分。通过设置实践环节，使学生能够将理论知识应用到实际运动中，提高他们的实际操作能力。例如，在跨学科课程中，可以组织学生参与实际运动项目，同时结合生理学和心理学的知识，进行全面的运动分析。这样的实践性设计有助于培养学生的实际运用能力，提高他们在未来实际工作中的竞争力。跨学科课程设计还需要关注学生个体差异。通过设置个性化的学科学习路径，满足不同学生的学科需求，引导他们发现和发展个人的潜能。这种差异化设计有助于激发学生的学科热情，提高他们的学科学习效果。

二、综合能力培养

（一）综合能力培养的理论框架

高校体育课程教学中综合能力培养的理论框架是一个多维度的体系，融合了多个相关理论，以促进学生在体育活动中全面发展。这个理论框架涵盖了认知、情感、社交和实践等多个方面，以确保学生不仅能在运动技能上有所提高，同时在综合素质上也能得到全面培养。认知理论是综合能力培养的基石之一。它关注学生的认知过程，强调培养学生思考、理解和解决问题的能力。在体育课程中，学生需要通过认知过程来理解运动原理、掌握技能技巧，以及分析和改进自己的运动表现。认知理论的应用有助于培养学生的运动智能，使其更全面地参与和领会体育活动。情感理论在综合能力培养中占有重要地位。情感方面的培养不仅包括对体育运动的兴趣和热爱，还涉及团队协作、领导力和逆境应对等方面。体育课程通过激发学生的情感体验，培养他们的情感管理能力，使其能够在团队中更好地协作，适应不同环境的挑战。社交理论也是理论框架中的一个关键要素。社交理论强调学生与他人之间的互动和合作，倡导通过团队活动来培养社交技能。在体育课程中，学生通过参与集体运动和团队比赛，不仅能够锻炼身体，还能够培养沟通、协作和领导等社交技能。这有助于形成学生在团队中良好互动的社交能力。实践理论是理论框架的另一支柱。它强调通过实际经验来学习，注重学生在真实场景中应用所学知识和技能。在体育课程中，学生通过参与各种体育活动和比赛，得到实际的运动经验，从而深入地理解和掌握体育知识。实践理论的运用有助于培养学生的实际问题解决能力和实践动手操作技能。高校体育课程教学中综合能力培养的理论框架是多维度的，包括认知、情感、社交和实践等多个方面。这些理论相互交织，共同构建了一个有机的体系，为学生提供了全面发展的机会。通过在体育活动中应用这些理论，学生不仅能够提高运动技能，还能够培养认知、情感、社交和实践等综合素质，从而更好地适应未来的职业和社会生活。

（二）综合能力培养的实施

高校体育教育的综合能力培养是一个持续深化的过程。在实施过程中，首先需要明确培养目标，明确学生所需具备的各方面能力。然后，通过设计科学合理的课程体系，注重理论与实践的结合，推动学生全面发展。与此同时，实施导师制度，关注个体差异，为学生提供个性化的辅导与指导。通过多元化的评价方式，全面了解学生的发展情况，为不同学科和职业领域提供全面的人才支持。明确培养目标是综合能力培养的关键。体育教育不仅仅是单一运动技能的传授，更应注重学生的身心素质、团队协作、领导力等方面的培养。在制定培养目标时，需要全面考虑学科特点和社会需求，确保培养出的学生具备较强的实际操作能力、创新思维和团队协作能力。科学合理的课程设计是实施综合能力培养的基础。课程内容应全面涵盖体育学科的各个领域，如运动生理学、运动心理学、运动管理学等，确保学生能够全面了解体育学科的各个方面。注重理论与实践的结合，通过实际操作锻炼学生的实际动手能力，使他们在课程学习中能、够更好地应用理论知识。导师制度的实施对学生个体发展至关重要。每位学生都有自己的发展特点和需求，导师应当在学科专业知识的指导之外，更加关注学生的兴趣爱好和个性发展。通过个性化的辅导与指导，导师能够更好地发掘学生的潜力，引导他们在体育领域发展出自己的特长和创新点。多元化的评价方式是确保综合能力培养有效实施的关键。传统的考试评价过于强调学科知识的记忆和掌握，而综合能力的培养需要全面的评价方式。除了学科知识的考核外，还可以引入项目实践评估、团队协作评价、实际操作考核等多种方式，全面了解学生的综合素质发展情况。在实施综合能力培养过程中，需要不断开展教育改革和创新。体育教育是一个充满活力和变化的领域，教育者应当紧跟社会发展潮流，不断更新教学理念和方法。通过引入新的教育技术、开展实践项目、加强国际交流等方式，使综合能力培养更具时代性和前瞻性。综合能力培养的实施需要系统而全面的考虑。明确培养目标、科学合理的课程设计、导师制度的实施、多元化的评价方式以及持续的教育创新都是构建高校体育教育综合能力培养体系不可或缺的要素。通过全方位努力，高校体育教育能够培养出更具综合素质的专业人才，为社会和体育事业的发展提供有力支持。

第四章　高校教师与运动技能教学

第一节　高校教师角色与素质要求

一、高校体育教师角色

（一）课堂教学

大学体育教师的课堂教学是一项极富挑战性的任务，因为他们需要同时兼顾学科知识的传授和学生体能的培养。在这个过程中，教师既是知识的传递者，也是引导学生积极参与体育活动的推动者。体育教师的角色不仅仅局限于传授技能，更要关注学生的身心健康，促使他们形成积极的生活态度。体育教师应当注重课堂中对学科知识的讲解。通过深入浅出的方式，使学生理解体育运动的规律和原理。在这个过程中，教师需要灵活运用各种教学手段，如实例分析、比较对照等，以激发学生的学科兴趣。通过清晰而生动的讲解，体育教师能够使学生在课堂上更好地理解运动的本质，培养他们对体育科目的浓厚兴趣。体育教师在课堂中更应关注学生的体能发展。通过科学而系统的体育训练，学生全面发展身体素质，提高综合运动能力。体育教师在这个过程中既要作为引导者，为学生制定合理的锻炼计划，又要成为监督者，确保学生在运动中健康成长。通过激发学生对体育锻炼的兴趣，体育教师能够使学生在锻炼中体验到快乐，形成积极向上的态度。体育教师在课堂中也扮演着引导学生团队协作的角色。通过各种团队运动和合作项目，教师能够促使学生培养团队协作精神，提高沟通和协调能力。在团队活动中，体育教师可以帮助学生树立正确的团队观念，培养集体荣誉感，使学生在团队中更好地融入，形成共同奋斗的氛围。大学体育教师在课堂中不仅仅是知识的传递者，更是学生身心健康的引导者。通过深入浅出地讲解、关注学生的体能发展、引导团队协作，体育教师能够在课堂中培养学生积极向上的学科态度和生活态度。这种全方位的教学角色，使得体育课程丰富，为学生的全面发展奠定坚实基础。

（二）评估和反馈

高校体育教师在评估和反馈方面扮演着至关重要的角色。评估不仅仅是对学生学科知识和运动技能的检查，更是对教学效果的审视。教师需要通过科学的评估手段，如考试、作业、实践等，全面了解学生的学科水平和体育能力。同时，通过精准地反馈，教师能够帮助学生识别自身的优势和不足，指导他们更好地发展潜力。评估体育学科的教学效果需要考虑多个方面。首先，教师需要关注学生在体育运动方面的实际操作水平。通过实际运动项目的表现，教师能够直观地了解学生的体能水平和技能掌握程度。其次，教师还需关注学生在理论知识方面的掌握情况，通过考试和作业等方式评估学生的学科素养。在评估过程中，教师需要注重个体差异，充分考虑学生的发展阶段和个性特点。通过个性化的评估手段，教师能够更好地发现学生的潜在优势和问题，为个性化的教学提供依据。最后，教师还需要关注学生的学习态度和团队协作能力，通过观察学生在团体活动中的表现，全面评估其综合素质。评估的过程不仅仅是对学生的考核，更是对教学过程的反思。教师需要从评估中汲取经验，总结成功的教学方法，发现问题并加以改进。通过反思评估结果，教师能够更好地调整教学策略，提高教学效果。此外，教师需与同行进行经验分享，通过互相交流和学习，不断提高自己的教学水平。反馈是评估的延伸，是对学生学习情况的及时回馈。通过精准的反馈，教师能够帮助学生认识到自身的优势和不足，引导他们更好地调整学习方法。在体育领域，反馈不仅仅局限于理论知识，更包括对运动技能的指导。通过具体而有针对性地建议，教师能够引导学生在体育运动中更好地发展自己的特长。反馈需要注重及时性和针对性。及时的反馈能够帮助学生在学习过程中不断调整，防止问题的积累。同时，反馈要具有针对性，要具体到学生的实际表现，避免泛泛而谈。通过个性化反馈，教师能够更好地引导学生，帮助他们克服困难，提高学科水平和运动技能。高校体育教师在评估和反馈方面扮演着举足轻重的角色。通过科学的评估手段，教师能够全面了解学生的学科水平和体育能力，为个性化的教学提供依据。通过及时而有针对性地反馈，教师能够帮助学生认识到自身的优势和不足，引导他们更好地发展潜力。评估和反馈的过程不仅仅是对学生的考核，更是对教学过程的反思和提升。

（三）激发兴趣

高校体育教师的职责之一是激发学生对体育的兴趣。这并非仅仅是简单的知识和技能的传授，更是一种艺术，是通过精心设计的教学方式和方法，唤起学生对体育的热爱与渴望。在这个过程中，教师需要敏锐地洞察学生的需求和兴趣点，巧妙地将体育活动融入教学中，使之成为学生生活的一部分，激发他们自主探索和参与的欲望。体育教师首先要了解学生的个体差异，考虑到他们在体育领域的兴趣爱好和特长。通过观察学生在课堂上的表现和参与度，教师能够更准确地洞察他们的兴趣点。了解学生的兴趣爱好，教师就能够有针对性地设计教学内容，使之更加贴近学生的实际需求，引起他们的浓厚兴趣。在教学过程中，体育教师需要注重激发学生的好奇心和求知欲。通过引导学生提出问题、思考问题，教师能够激发他们对体育知识的渴望，使学习不再是单纯的任务，而是一种愉悦的过程。通过设计富有趣味性的学习活动，教师能够引导学生在轻松愉快的氛围中自发地投入学习，形成积极向上的学习态度。体育教师在激发学生兴趣的过程中，还需要注重培养学生对运动的情感投入。通过让学生亲身体验体育活动的乐趣，教师能够激发他们对运动的热爱。通过组织丰富的体育比赛和活动，教师能够营造出浓厚的体育氛围，使学生沉浸其中，愿意主动参与并全身心投入体育活动。在激发学生兴趣的过程中，体育教师还需注重对学生的个性化关怀。了解学生的性格特点和需求，教师能够更好地根据不同学生的差异设计个性化的教学方式，使之更符合学生的兴趣和学习风格。通过关心学生的体育活动参与情况，教师能够建立起良好的师生关系，使学生更愿意接受体育教育，形成持久的兴趣。高校体育教师在激发学生兴趣的过程中，需要巧妙地将体育活动与教学内容相结合，了解学生的个体差异，注重培养学生对运动的情感投入。通过引导学生提出问题、思考问题，培养他们的好奇心和求知欲，使学习成为一种愉悦的过程。通过个性化的关怀，建立良好的师生关系，激发学生对体育的持久热爱。这种全方位的教学方式，将体育教育提升到更高的层次，使学生在充实地学习体育学科知识和技能的同时，真正体验到体育的魅力。

二、高校体育素质

（一）运动能力

高校体育的核心目标之一是培养学生的运动能力。运动能力不仅包括对基本运动技能的熟练掌握，更关注学生在各种体育运动中的综合能力。体育教育的本质在于帮助学生建立健康的身体素质，培养他们在不同运动环境下的适应性和应变能力。运动能力的培养需要从基础出发，注重学生对基本体育技能的掌握。这包括跑步、跳跃、投掷、接球等基本技能。通过系统的训练和实践，学生能够逐步提高对这些基本技能的熟练程度，为进一步参与各种复杂的体育运动打下坚实基础。在培养运动能力的过程中，教师需要注重学生对身体协调性的培养。身体协调性不仅仅是指各个身体部位的协调运动，还包括对空间感知和运动方向的把握。通过丰富多样的体育活动和训练项目，学生能够逐渐提高身体的协调性，增强对运动环境的适应性。运动能力还需要注重学生的心肺耐力和肌肉力量的培养。通过有氧运动和无氧运动的结合，学生能够提高心血管系统的功能，增强对长时间运动的适应性。肌肉力量的培养不仅有助于提高运动技能水平，还有助于防止运动损伤，提高身体的抗病能力。在培养运动能力的同时，教师需注重学生的团队协作和沟通能力。通过各类团队运动项目，学生能够培养协作精神，提高团队凝聚力。在团队活动中，学生需要与队友进行有效的沟通，形成默契，共同达成运动目标。运动能力的培养也要考虑学生的技战术水平。通过学习和掌握不同体育运动的技战术要领，学生能够在实际运动中灵活和有条不紊地应对各种情况。这不仅提高了学生在体育比赛中的竞技水平，还有助于培养他们的智力和战略意识。高校体育素质运动能力的培养是全面而复杂的过程。它不仅关注学生对基本运动技能的掌握，更注重身体协调性、心肺耐力、肌肉力量的培养。同时，运动能力包括团队协作的配合和技战术水平的提高。通过全面而系统的体育教育，学生能够在体育运动中全面发展，形成健康的体质和卓越的运动能力。

（二）团队协作

在高校体育领域，培养学生的团队协作能力是重要的一项任务。团队协作不仅仅是单一运动项目的要求，更是一种综合性的素质，涵盖了团队意识、沟通能力、合作精神等多方面因素。通过参加各类体育活动和团队项目，学生能够在实际运动中培养团队协作的能力，提高集体凝聚力，形成积极向上的团队氛围。团队协作能力的培养需要注重学生的团队意识。在体育活动中，每个成员都是团队的一部分，需要共同为团队的目标而努力。通过设立明确的团队目标和任务，学生能够逐渐形成对团队的认同感，并意识到个体的努力和贡献对整个团队的重要性。团队协作注重学生的沟通能力。在团队活动中，有效地沟通是确保团队协作顺利进行的基础。通过学习沟通技巧和培养敏锐的沟通意识，学生能够更好地在团队中与队友协商、交流，及时解决问题，确保团队的整体效能。团队协作能力的培养也需要关注学生的合作精神。在团队中，每个成员都应该树立"团结合作、互帮互助"的理念，放弃个人主义，强调整体利益。通过参与团队运动和合作项目，学生能够逐渐培养出对团队的忠诚度，形成共同努力、共同奋斗的合作氛围。团队协作还要关注学生在团队中的角色定位。每个成员都应该明确自己在团队中的职责和任务，发挥各自的优势，为团队的整体表现做出贡献。通过角色分工和定位，学生能够更好地协同合作，形成高效的团队运作。高校体育素质团队协作的培养不仅仅是简单地组织学生参与团队运动，更需要注重团队意识、沟通能力、合作精神和角色定位的培养。通过多样化的团队活动和合作项目，学生能够在实践中体验到团队协作的重要性，提高个体的社会适应能力和团队凝聚力。这种全面而系统的团队协作培养，有助于学生在今后的学业和职业中更好地融入集体、发挥个人潜力、追求共同目标。

（三）体育文化素养

在高校体育教育中，培养学生的体育文化素养是一项重要的任务。体育文化素养不仅仅是对体育知识的掌握，更是对体育精神和文化传统的理解与尊重。通过深入体验和学习，学生能够在体育文化的沐浴中形成积极的体育态度，增强对体育文化的认同感和情感投入。培养体育文化素养要注重学生对不同体育项目的了解。体育文化包括丰富多样的体育项目，如田径、篮球、足球等。学生通过参与这些项目，了解其规则、技巧和历史渊源，能够全面地认识到体育的多样性和丰富性。这有助于拓展学生对体育的认知，增强其对不同体育项目的兴趣，形成对体育文化的全面理解。体育文化素养的培养需要强调对传统体育文化的尊重与传承。体育有着悠久的历史和丰富的传统，这些传统体现了一个国家或地区的文化特色。学生应该通过学习传统的体育项目、体育礼仪以及相关的文学和艺术作品，更好地领略和传承这些体育文化的价值。通过对传统体育文化的尊重，学生能够形成对文化传统的认同感，增强文化自信心，同时促进传统文化的传承和发展。体育文化素养的培养还需要强调对国际体育文化的了解。在全球化的背景下，学生应该了解不同国家和地区的体育文化，体验和感受不同文化间的差异和相似之处。通过参与国际性的体育赛事、交流活动，学生能够拓宽视野，增强跨文化交流的能力，提高国际意识和包容性。培养体育文化素养也需注重学生对体育精神的体验与理解。体育精神不仅仅是竞技体育中的拼搏和奋斗，更体现在团队合作、公平竞争、友谊第一的理念。学生通过参与体育比赛和活动，能够亲身体验到体育精神的内涵，培养团队合作的观念，增强对体育竞技的理解与热爱。体育文化素养的培养要注重学生对体育艺术的欣赏与参与。体育不仅仅是一种竞技，更是一门艺术。学生通过欣赏体育艺术的精彩瞬间，培养审美意识，提高对体育艺术的敏感度。同时，通过参与体育艺术的创作与表演，学生能够将自己的情感与体育文化相结合，形成对体育的深刻理解与独特体验。高校体育文化素养的培养是综合性的过程，涵盖了对各种体育项目、传统文化、国际文化、体育精神和体育艺术的全面理解与体验。通过积极参与体育活动和文化学习，学生能够形成积极向上的体育态度，增强对体育文化的认同感，同时促进了身心的健康发展。这种全面而深入的培养方式，有助于学生在未来的人生道路上更好地理解和发展体育文化素养。

第二节　高校教师的运动技能教学策略

一、教学目标与课程设计

教学目标是高校教师设计运动技能课程时的核心，它直接关系到学生的学习效果和教学的实际效果。在运动技能的教学中，教学目标的明确性和合理性对于课程的成功实施至关重要。教学目标应当明确反映学生在运动技能方面的期望水平。这种明确性有助于学生理解课程的目的和期望，使得学生能够更加集中精力，更好地投入运动技能的学习。明确的教学目标能够激发学生对于技能提升的渴望，推动其在学习中不断努力，形成积极向上的学习态度。教学目标应当具有适当的挑战性。适度的挑战有助于激发学生的学习兴趣和动力，使得他们更加愿意面对困难，能更加努力地提高自己的运动技能水平。适当的挑战性有助于调动学生的学习激情，使得他们在课程中能够更为投入，不轻言放弃，不断追求自己的技能极限。教学目标还应当具有可测量性。通过设定可以量化的教学目标，教师能够更好地评估学生的学习成果，确保教学的有效性。可测量的教学目标还有助于学生明确自己的学习方向，通过不断衡量自己的进步，促使其更好地规划和调整自己的学习过程。教学目标应当具备可行性。可行的教学目标有助于在有限的课程时间内更好地实现。教师需要充分考虑学生的实际水平和课程的教学资源，确保设定的目标既有挑战性，又能够在一定程度上被实现。这种可行性有助于避免设定过高的目标，导致学生失去信心，同时也能够防止目标过低，导致学生学习缺乏动力。教学目标与课程设计之间存在密切的关联。教学目标的设定直接指导了课程的整体结构和内容。课程设计应当贴合教学目标，使得每个环节都有助于学生的目标达成。课程设计也应当具有灵活性，以应对学生在学习过程中的个体差异，调整课程内容和教学方法，更好地服务于教学目标的实现。在课程设计中，教师需要充分考虑学生的背景知识和学习经验，确保课程内容和难度能够逐步推进，使得学生能够更好地理解和掌握运动技能。课程设计还应当充分考虑到学生的学习节奏和特殊需求，通过差异化的教学方式和辅助手段，满足不同学生的学习需求，使得整个课程更为贴近学生的实际情况。教学目标与课程设计是高校教师进行运动技能教学时不可分割的两个方面。明确、挑战性、可测量、可行性的教学目标有助于引导学生更好地投入学习，而与之匹配的课程设计能够更好地服务于这些目标的实现。通过合理的教学目标设定和灵活的课程设计，高校教师能够更好地引导学生在运动技能学习中不断提升，取得更好的教学效果。

二、示范与解释

高校教师的运动技能示范与解释是教学过程中的一项重要任务，它直接关系到学生对运动技能的理解和掌握。在进行运动技能示范与解释时，教师应注重方法的多样性，通过生动的示范和清晰的解释，激发学生的学习兴趣，提高教学效果。示范是运动技能教学的重要环节之一。通过身体语言和实际操作，教师能够直观地展示运动技能的动作要领，帮助学生形成正确的动作印象。在示范过程中，教师应注重动作的规范性和流畅性，确保示范效果清晰可见。教师还可以通过变换示范角度、调整示范速度等方式，使学生全面地理解运动技能的细节和整体结构。通过引导学生观察和模仿，示范不仅能够激发学生的学习兴趣，还能帮助他们更好地理解运动技能的实际运用。解释是对示范的补充和延伸。在示范之后，教师需要对运动技能进行详细解释，深化学生对动作要领的理解。在解释过程中，教师应注重逻辑性和连贯性，通过语言描述、比喻示意、分步解析等方式，帮助学生理解运动技能的内在规律和运动原理。教师还可以借助图表、图像等可视化工具，使解释直观生动。通过解释，学生可以在视觉和听觉上都深入地理解运动技能，形成全面认知。互动式解释是促进学生参与的有效方式。教师可以通过提问、讨论、答疑等方式，与学生进行互动，引导他们主动思考和表达对运动技能的理解。通过互动，教师可以及时发现学生的疑惑和困惑，有针对性地进行解答，提高解释的针对性和实效性。互动也能够增强学生对教学内容的兴趣和投入度，使其更积极地参与运动技能的学习过程。示范与解释的整合是高效教学的关键。教师应当将示范和解释有机地结合起来，形成一个完整的教学过程。在示范的过程中，通过简洁而清晰的语言解释，强化学生对动作细节的理解；在解释的过程中，通过具体的实例示范，使抽象理论更具体可见。通过整合示范和解释，教师可以使学生对运动技能形成全面、深入地认知，提高学生对运动技能的理解和掌握水平。高校教师在进行运动技能示范与解释时，应注重多样性的方法，通过生动地示范和清晰地解释，激发学生的学习兴趣，提高教学效果。这需要教师具备较高的专业水平和教学技能，能够灵活运用不同的教学手段，使学生在学习过程中得到丰富和深刻的体验。

三、个性化指导与反馈

在高校教师进行运动技能教学时，个性化指导与反馈是重要的环节。个性化指导意味着教师需要根据每位学生的个体差异，量身定制适合他们的教学方式和方法。反馈则是教师及时提供学生在运动技能学习中的表现信息，促使学生更好地理解和改进自己的技能。在个性化指导方面，高校教师需要深入了解每位学生的体能水平、学习风格、学科兴趣等方面的特点。通过对学生的个体差异进行全面而深入的了解，教师能够更准确地把握学生的学习需求，有针对性地为他们提供个性化的指导。这包括在教学过程中调整教学策略、运用不同的教学手段，以满足每位学生的学习需求，使得教学更具针对性和实效性。教师的个性化指导还需要注重激发学生的学习兴趣。不同学生对于运动技能学习的兴趣点存在差异，其可能对某种技能表现出浓厚的兴趣，而对另一些技能则缺乏兴趣。教师需要根据学生的兴趣点，引导他们在学习中发现趣味，培养对运动技能的热爱。通过挖掘学生的个体兴趣，教师能够更好地引导学生积极参与学习，提高他们的学习动力。在反馈方面，高校教师的任务是为学生提供及时、具体、个性化的反馈信息。反馈不仅仅是告诉学生他们的错误，更是为他们提供改进的方向和方法。个性化的反馈需要根据每位学生的具体情况，突出其优点并指出需要改进的地方。这种个性化的反馈不仅有助于学生更深入地理解自己的技能水平，还能够引导他们在下一步的学习中进行针对性的改进。教师的反馈还需要关注学生的情感体验。学生在运动技能学习过程中可能面临挫折、焦虑等情感压力，教师的反馈可以起到情感支持的作用。通过关心和鼓励，教师能够帮助学生建立积极的情感体验，增强他们对学习的信心和兴奋感。在反馈中，教师要注重连续性。定期地反馈有助于学生在学习过程中形成反思的习惯，使得他们更好地理解自己的学习状态。通过连续性的反馈，教师能够更全面地把握学生的学习过程，及时发现问题，引导学生更好地调整学习方向。高校教师在运动技能教学中需要深入理解学生的个体差异，通过个性化的指导和及时的反馈，促使每位学生更好地理解和提高自己的技能水平。这不仅有助于提高教学的实效性，更能够激发学生的学习热情，使得他们在运动技能学习中得到全面和深入地发展。

四、运动技能练习与模拟

高校教师在运动技能教学中，通过运动技能的练习与模拟，旨在提升学生的实际操作能力，培养他们的运动技能。这一教学策略不仅侧重于理论知识的传递，更注重学生对运动技能的实际应用，以此推动学生的全面发展。运动技能的练习是实现理论与实践结合的有效途径。通过反复的练习，学生能够更加深入地理解运动技能的具体要领，形成肌肉记忆，提高技能的执行准确性和稳定性。在练习的过程中，教师可以通过观察学生的动作，及时给予指导和纠正，使学生逐步达到理想的运动状态。运动技能的练习不仅有助于学生在实际操作中熟练掌握技能，也能够增加他们的自信心，激发学习兴趣。模拟是运动技能教学中的重要手段。通过模拟真实场景，教师可以创造出更加贴近实际生活的教学环境，使学生能够更好地将运动技能应用于实际情境中。模拟可以通过使用虚拟实验室、仿真器材等手段来实现，也可以通过组织实地实践活动来进行。模拟可以使学生在相对安全的环境中进行技能练习，提高他们对运动技能的应用能力，培养解决实际问题的能力。运动技能的练习与模拟需要注重个体差异。不同学生在体能、技术水平、学习风格等方面存在差异，因此，教师需要根据学生的实际情况，制定差异化的练习计划和模拟场景。个性化的教学设计能够更好地满足学生的需求，促进他们全面发展。教师可以通过与学生充分沟通，了解他们的兴趣和特长，调整教学方法，激发学生的学习热情，提高教学的实效性。教师在进行运动技能的练习与模拟时，应当注重理论知识与实际操作的有机结合。在模拟中融入相关理论知识，可以使学生更好地理解运动技能的原理和内在规律。通过理论的引导，学生能够在实际操作中深刻地理解运动技能的本质，从而提高他们对运动技能的认知水平。高校教师通过运动技能的练习与模拟，能够更好地促进学生对运动技能的理解与掌握。这种教学策略能够培养学生的实际操作能力，提高他们在实际生活中运用运动技能的水平，促进全面素质的发展。在这个过程中，教师应当注重差异化教学，关注个体差异，同时注重理论与实践的有机结合，提高教学的效果和学生的学习体验。

五、协作与小组教学

在高校教师进行运动技能教学时，协作与小组教学是一种有效的教学方法。协作教学强调学生之间的互动与合作，以促进共同学习和共同成长。在运动技能教学中，这种教学方式既有助于学生之间的技能互补，又能够培养他们的团队协作精神，使得整个教学过程丰富和有趣。协作与小组教学的一个重要优势在于能够促进学生之间的技能互补。每位学生在运动技能方面可能存在个体差异，有的可能擅长某项技能，而对其他技能了解较少。通过小组合作，学生可以共同分享、学习，从而形成技能上的互补关系。这样的协作机制有助于每位学生在小组中发挥自己的优势，同时从其他同学那里学到更多，实现共同进步。协作与小组教学还有助于培养学生的团队协作精神。在小组中，学生需要相互合作，协调彼此之间的动作和意图，达到共同的目标。这种团队协作的经验不仅在运动技能学习中有益，也有利于学生将来在社会交往和工作中的协作能力的培养。通过共同努力和协作，学生能够更好地理解团队协作的重要性，形成积极向上的学习态度。协作与小组教学还能够丰富教学过程，提高学生的学习兴趣。学生在小组中互相激励、互相分享，不仅能够在技能上取得更好的进步，也能够在互动中增强学习的乐趣。通过小组合作，学生容易融入学习氛围，形成学习的社交化体验，使得学习过程生动和有趣。在协作与小组教学中，教师扮演着引导者和组织者的角色。教师需要通过精心设计的小组任务，引导学生在小组中展开有效的合作。教师还需要在小组学习中提供及时的支持和指导，确保学生在团队中能够更好地发挥自己的优势。通过教师的引导，学生能够更好地理解小组学习的目的和意义，形成积极向上的协作态度。协作与小组教学是高校教师进行运动技能教学的有效方法。通过学生之间的技能互补和团队协作，不仅能够促进学生在技能上的全面发展，还有助于培养他们的团队协作精神。这种教学方式丰富了教学过程，提高了学生的学习兴趣，使得运动技能教学灵活、有趣，富有挑战性。

六、技术评估与调整

高校教师在运动技能教学中需要进行技术评估与调整，以确保教学目标的达成和学生在实践中的全面发展。这一过程涉及对教学效果的定期检查、对学生反馈的及时收集以及相应的调整措施的采取。技术评估是确保教学质量的基础。通过技术评估，教师能够全面了解自己的教学效果，包括教学内容的传递是否清晰、学生的学习兴趣是否得到激发、运动技能的掌握情况等方面。技术评估可以通过多种方式实施，如观察教学过程、收集学生的实际操作数据、听取同行评价等。通过这些手段，教师可以全面、客观地了解自己的教学效果，为进一步教学调整提供依据。教师需要及时收集学生的反馈信息。学生是教学过程中的重要参与者，他们的反馈能够直观地反映教学效果。教师可以通过课后讨论、问卷调查、实际操作表现等方式，主动获取学生对教学的看法和建议。这种及时的反馈机制有助于教师发现问题、了解学生的实际需求，为后续的教学调整提供有力支持。技术评估与调整要考虑教学资源的充分利用。教学资源包括教材、实验器材、课堂设备等，它们对于运动技能教学起着重要的支持作用。教师需要评估这些资源的有效性，确保其能够满足教学需求。如果发现某些资源不足或不适用，教师应当及时调整教学计划，寻找替代方案，以保障教学顺利进行。教师还需要不断关注运动技能领域的最新发展和研究成果，不断更新教学内容和方法。通过参加专业培训、学术研讨会等活动，教师可以了解到前沿的教学理念和方法，借鉴先进的教学经验，不断提高自身的教学水平。这种对新知识、新方法的积极吸收与应用，有助于保持教学的活力与创新性。技术评估与调整是高校教师运动技能教学中必不可少的环节。通过全面、客观地评估教学效果，及时收集学生反馈信息，合理利用教学资源，保持对新知识的敏感性，教师能够更好地应对教学中的挑战，为学生提供优质的运动技能教育。这一过程需要教师具备良好的自我反思能力和持续学习的态度，以不断提升自身的教学水平。

第三节　高校教师的反馈与评估方法

一、反馈与评估概述

在高校教师进行运动技能教学时，反馈与评估是重要的环节。反馈与评估不仅仅是对学生学习过程和学习成果的客观记录，更是促使学生不断提升和发展的关键因素。反馈的作用在于及时揭示学生在运动技能学习中的表现。通过及时观察和记录学生的动作、技能运用等方面，教师能够准确把握每位学生的学习状况。这种实时反馈有助于教师全面地了解学生在运动技能方面的优势和不足，从而有针对性地进行教学引导。反馈有助于促使学生对自己的学习过程进行自我认知和反思。通过将反馈信息传递给学生，教师能够引导他们对自己的表现进行深入思考。这种自我反思过程使得学生能够清晰地认识到自己在运动技能学习中的强项和薄弱点，为下一步的学习提供明确的方向。评估是对学生学习成果的总结和判断。教师通过对学生在一段时间内的学习表现进行全面的评估，能够客观地了解到每位学生的整体学习水平。评估有助于教师发现学生在运动技能学习中的整体特点，有助于进行个性化指导和教学设计。评估不仅仅局限于技能的表现，还包括学生在学习过程中的团队协作、沟通能力等方面。这种全面评估有助于培养学生的多方面素养，使得他们在运动技能学习过程中不仅仅注重于技能的提高，更关注于个体和团队的协作与沟通。反馈与评估应当是一个循环的过程。通过及时地反馈，教师能够更好地调整教学策略和方法，更好地满足学生的学习需求。而评估为整个教学过程提供了总结和回顾的机会，使得教师能够更好地改进教学方法，不断提高教学质量。反馈与评估的结果应当为学生提供明确的发展方向。学生通过对反馈和评估结果的理解，能够更好地规划自己的学习路径，调整学习策略，从而高效地提高运动技能水平。这种明确的发展方向有助于学生形成目标意识，培养他们的自主学习能力。反馈与评估是高校教师进行运动技能教学的重要手段。通过及时地反馈，教师能够全面了解学生的学习过程，为他们提供具体的改进建议。而评估为整个教学过程提供了总结和发展的方向，使得教师能够更好地引导学生在运动技能学习中取得全面和深入地发展。

二、反馈与评估的方法

（一）实际观察

高校体育教师在进行教学工作时，实际观察是重要的任务。实际观察不仅是对学生运动表现的客观记录，更是对教学过程的深入洞察，是教师不可或缺的一项技能。通过细致入微地观察，教师能够更好地了解学生的学习状况、体育技能水平，有针对性地调整教学策略，提高教学效果。实际观察的重点之一是学生的动作表现。通过观察学生在体育运动中的动作技能，教师能够深刻地了解到每个学生的个体差异和特点。这种观察不仅仅关注表面的动作是否标准，更注重学生在运动中的细节表现，如姿势的优劣、动作的流畅度等。通过对动作的精准观察，教师能够为每个学生提供有针对性的指导，帮助他们提高技能水平。另一个重要方面是对学生的学习态度和行为习惯的观察。通过观察学生在体育课上的表现，教师能够了解到学生的学习态度是否积极、是否具备团队合作精神。此外，观察学生的行为习惯，如是否遵守纪律、是否尊重他人，也是教师在课堂上进行管理和引导的重要依据。通过实际观察，教师能够全面地把握学生的学习状态，为他们提供有针对性教育和引导。实际观察要关注学生在集体活动中的表现。在团队运动和合作项目中，学生需要展现出团队协作、沟通和领导能力。通过观察学生在这些活动中的角色定位、协作情况，教师能够深入了解团队内部的关系和互动情况，为今后的团队教育提供依据。这种集体观察有助于教师更好地引导学生培养团队协作精神，提高整体团队的凝聚力。除了对学生的观察外，实际观察还包括对教学过程的观察。教师需要通过观察学生对教学内容的理解程度，来调整教学进度和难度，确保每个学生都能够跟上教学的步伐。同时，观察学生对教学方法的接受度，及时调整教学策略，提高教学效果。这种教学过程中的实际观察，使得教师能够灵活地应对学生的差异性需求，提供贴合实际的教育。高校体育教师的实际观察是一项非常细致入微的工作。通过对学生动作、学习态度、团队协作和教学过程的实际观察，教师能够全面把握学生的学习状况，形成科学的教育策略。这种实际观察的方法有助于提高教学的针对性和灵活性，使得体育教育贴近学生的实际需求，实现有效的教学目标。

（二）体能测试

在高校体育教育中，体能测试是重要的举措。体能测试不仅仅是对学生身体素质的检测，更是对体育教学效果的直观反映。通过定期进行体能测试，体育教师能够全面地了解学生的身体状况，为个性化的教学提供基础，推动学生在体育领域的全面发展。体能测试能够客观反映学生的身体素质水平。通过测量学生的身体各项指标，如耐力、灵活性、力量等，教师可以得知每位学生在不同方面的体能水平。这有助于教师了解学生的强项和薄弱项，为制订个性化的锻炼计划提供依据。同时，体能测试可以监测学生身体素质的变化趋势，帮助教师及时调整教学内容和方法。体能测试有助于激发学生对体育的兴趣。通过体能测试，学生能够直观地感受到自己在身体素质方面的进步和成就。这种实际的成果体验，有助于激发学生的自信心和对体育的积极态度。学生在测试中获得的肯定和认可，能够增强他们对体育锻炼的动力和热情，形成积极向上的学习态度。体能测试也有助于促进学生的身心健康发展。通过测试，教师可以识别出学生潜在的健康问题，及时引导他们进行相应的健康锻炼和调整生活方式。通过科学合理的体能测试，能够为学生提供精准的锻炼建议，有助于防范和改善一些潜在的健康风险。体能测试也有助于提升学生的竞技水平。通过对学生在不同体育项目中的表现进行测试，教师可以筛选出擅长某一项或某几项体育运动的学生，并加以重点培养。这有助于挖掘学生的体育潜力，为他们参与校际比赛和其他体育赛事提供更多的机会，促进学生在竞技体育方面的全面发展。高校体育教师通过体能测试，能够全面了解学生的身体素质水平，为个性化的教学提供基础。体能测试也能够激发学生对体育的兴趣，增强他们的自信心和积极态度。同时，体能测试有助于促进学生的身心健康发展，及时发现并引导处理潜在的健康问题。此外，体能测试有助于提高学生的竞技水平，为他们参与各类体育比赛提供更多的机会。通过这样全面而科学的体能测试，体育教育能够更好地发挥其育人功能，促进学生在体育领域的全面成长。

（三）口头反馈

高校体育教师的口头反馈是教学中重要的沟通工具。通过直接的口头反馈，教师能够及时、精准地传达对学生学习情况的评价和指导建议。口头反馈具有实时性和直观性的特点，有助于师生之间建立更加紧密的联系。在进行口头反馈时，教师可以明确学生的优点和不足之处。通过积极地鼓励和正面地评价，能够激发学生的学习兴趣和积极性，增强他们对学科的信心。同时，对于存在问题的地方，通过耐心地解释和指导，能够帮助学生更好地理解和改进，形成良好的学习习惯和态度。口头反馈也有助于教师对学生的个性化关怀。通过与学生面对面交流，教师能够深入地了解每个学生的学习风格和特点。这有助于教师有针对性地制定个性化的教学计划，为学生提供贴心地指导和支持。个性化的口头反馈有助于建立积极向上的师生关系，激发学生对学科的兴趣和热情。口头反馈也是教师与学生互动的重要方式。通过言语的交流，教师能够更好地理解学生的想法和观点，倾听他们的声音和反馈。这种互动有助于形成开放而自由的学习氛围，使学生更愿意表达自己的看法，促进思想的碰撞和交流。口头反馈还有助于在学科知识的传授中增加趣味性和生动性。通过生动的语言和丰富的表情，教师能够更生动地阐述知识点，吸引学生的注意力。口头反馈中的语言表达也更容易引发学生的共鸣，使知识更易于被学生接受和理解。口头反馈还能够及时发现和解决学生在学科学习中的问题。通过实时地交流，教师能够迅速了解学生在学习中遇到的困难和疑惑，及时进行解答和指导。这有助于防止学生在学习过程中形成错误的认识和习惯，提高学科学习的效果。高校体育教师的口头反馈是一项直接而有效的教学工具。通过积极的口头反馈，能够建立更加紧密的师生关系，激发学生的学习兴趣和积极性，促进学科知识的更好理解和掌握。这种直接的师生交流方式有助于形成积极向上的学习氛围，促进学生在高校体育教育中的全面发展。

（四）个别指导

高校体育教师进行个别指导是重要的任务。这种一对一的教学模式能够精细地照顾每个学生的学习需求和特点。个别指导不仅仅关注学生的运动技能，更注重培养学生的学习兴趣、自信心和团队协作精神。在进行个别指导时，教师可以深入了解每个学生的学习情况。通过观察学生在体育运动中的表现，教师能够发现每个学生的优势和不足之处。这种深入地了解有助于教师为每位学生量身定制个性化的教学计划，提供有针对性地指导和培训。个别指导还有助于激发学生的学习兴趣。通过与学生直接交流，教师能够了解到学生的兴趣爱好和偏好。在个别指导中，教师可以有针对性地选择与学生兴趣相关的体育项目和训练内容，使学生积极参与，提高学习效果。个别指导能够更好地关注学生的心理状态。在面对个别学生时，教师能够敏感地捕捉到学生的情绪变化和心理压力。这种关注有助于及时发现并解决学生在学习中可能遇到的心理问题，为其提供全面的支持。个别指导也有助于培养学生的自信心。针对每位学生的特点和水平，教师可以给予个体化的鼓励和肯定。这种个别化的正面激励有助于增强学生的自信心，使其勇敢地面对挑战，积极地参与体育活动。在个别指导中，教师可以有针对性地培养学生的团队协作精神。通过针对性地合作训练，学生能够更好地理解团队协作的重要性，形成良好的合作默契。这种个别指导下的团队培养，有助于提高学生在团队运动中的综合素质。高校体育教师的个别指导是一种深入而精细的教育模式。通过深入了解每个学生的学习情况、关注其心理状态、培养其学习兴趣和自信心，个别指导有助于提高学生的学习效果和全面素质。这种一对一的教学模式，有助于培养学生在体育领域的个性化发展，为其未来的职业生涯和身心健康打下坚实基础。

第四节　高校体育教师的继续教育与专业发展

一、高校体育教师的继续教育

（一）参与学术会议和研讨会

高校体育教师参与学术会议和研讨会是教育领域中不可或缺的重要活动。这种积极参与的态度不仅仅体现了教师对学科的关切，更是一种对知识不断更新和深化的追求。学术会议和研讨会为高校教师提供了一个与同行交流学术观点、分享研究成果的平台，有助于推动教学科研水平的提升。教师参与学术会议的一个重要优势在于能够深入了解最新的学术研究动态。在会议上，各界专家学者汇聚一堂，分享前沿的研究成果和学术观点。这种直接的学术交流，有助于教师及时获取学科领域的新知识，不断拓展自己的学术眼界，保持对领域动态的高度敏感性。学术会议也为教师提供了展示研究成果的机会。在这个学术的舞台上，教师可以分享自己的研究成果，得到同行和专家的评价和建议。这种学术交流有助于促使教师对自己的研究进行深入思考和反思，推动研究工作的进一步发展。研讨会则更强调实践性和互动性。在研讨会上，教师们可以深入讨论特定问题，交流教学经验，分享解决问题的方法。这种小组讨论和互动交流有助于促使教师之间形成更加密切的合作关系，共同探讨学科未来的发展方向。学术会议和研讨会为教师提供了结识同行的机会。在这个学术的大舞台上，教师们有机会与来自不同地区、不同学科领域的专业人士交流。这种跨学科的交流有助于拓宽教师的学术视野，从不同的学科角度审视问题，促进跨学科合作的发展。参与学术会议和研讨会还能够激发教师的学术热情。在与同行交流和互动的过程中，教师能够感受到学术领域的热情和活力。这种激发有助于提高教师对自己学科的热爱程度，推动其深层次的学术探索和实践。高校教师积极参与学术会议和研讨会是重要的教育活动。这种学术交流和合作有助于推动教师的学科发展，提高其学术水平和教学质量。通过与同行专家、学者的深度交流，教师能够不断汲取新知识，提高自身综合素质，为学生提供更高水平的教育服务。这样的参与态度不仅有益于教师个人的学术发展，更有助于整个高校学术氛围的不断提升。

（二）参与行业培训

高校体育教师参与行业培训是教育事业中的一项重要实践。这种积极参与体现了教师对自身专业发展的关注和追求。行业培训为高校体育教师提供了不断学习、不断提高的机会，有助于提升其专业水平和适应教育领域的发展需求。参与行业培训使高校体育教师能够及时了解行业动态。在快速发展的时代，体育领域的知识和技术不断更新。通过参与行业培训，教师能够获取最新的教学理念、方法和技术，与时俱进，更好地适应和引领体育教育的发展趋势。行业培训有助于拓展高校体育教师的专业视野。通过学习不同地区、不同学校的教学经验，教师能够全面地了解体育教育的多元化发展。这种视野的拓展有助于教师更好地理解和应对不同学生的需求，提高个人的教育水平和教学适应力。参与行业培训也能够增进高校体育教师之间的教学交流。在培训中，教师们有机会与来自不同地区、不同学校的同行进行深入的交流和讨论。这种专业交流不仅有助于分享教学心得和经验，更能够激发教师之间的创新思维，促使整个体育教育领域不断推陈出新。行业培训还能够促进高校体育教师的跨学科合作。在培训中，不同学科背景的专家汇聚一堂，共同探讨体育教育中的交叉点和融合之处。这种跨学科的合作有助于拓宽教师的知识面，促进不同领域的融合，提高整体的综合素质。通过行业培训，高校体育教师还能够获得专业认证和资质证书。这种认证不仅为教师提供了更广泛的职业发展机会，也提高了其在学术界的声望。这种专业认证的积累有助于推动整个体育教育领域的提升。高校体育教师参与行业培训是一项极为有益的教育活动。这种积极参与有助于提升教师的专业水平，拓宽视野，促进教育交流，推动跨学科合作，获取专业认证。通过这种不断学习、不断提高的过程，高校体育教师能够更好地适应时代的变革，更好地为学生提供丰富、多元的体育教育服务。

二、高校体育教师的专业发展

（一）体育学科领域内的职业资格认证

高校体育教师的学科领域内职业资格认证是一项至关重要的举措。这种认证不仅仅是对教师个人职业水平的肯定，更是对整个体育教育领域的规范和提升。职业资格认证为高校体育教师提供了专业的认可，有助于提升其在学术和教学方面的信誉和影响力。职业资格认证能够明确高校体育教师的专业素养。通过认证机构的评估和审核，教师需要展现其在体育教育领域的专业知识、教学能力以及教育理念等方面的水平。这种明确的评价有助于规范体育教育领域的人才标准，确保教师具备足够的专业素养，提高整体教育水平。职业资格认证能够激发高校体育教师的职业动力。通过参与认证过程，教师能够深入地了解自己在体育领域的专业优势和不足。认证的过程往往需要教师不断学习和提高，这种自我挑战的过程有助于激发教师的职业热情，推动其不断提升自身的职业能力。职业资格认证也有助于增强高校体育教师的专业认同感。通过获得职业资格认证，教师能够成为具备专业资格的体育从业者，融入体育教育领域的专业群体。这种专业认同感有助于提高教师对自身职业的自豪感，形成积极向上的职业态度。认证也能够提高高校体育教师在招聘和评聘中的竞争力。在教育机构进行人才选拔时，具备专业资格认证的教师通常能够拥有更多的优势。这种认证成为评价教师综合素质的一项重要依据，提高了教师在职场上的竞争力，为其职业生涯的发展提供了更广阔的空间。职业资格认证有助于推动整个体育教育领域的升级和创新。通过认证机构对教师的专业水平的审核，促使教育机构更加注重提升教育质量和学科水平。这种外部的评价机制有助于推动学科领域内的发展，促使体育教育不断创新和进步。高校体育教师的学科领域内职业资格认证是重要的工作。这种认证不仅对个体教师的专业水平进行了明确的认定，更为整个体育教育领域提供了一个规范和提升的方向。认证激发了教师的职业动力，增强了其专业认同感，提高了其在职场上的竞争力，为培养优秀的体育从业者奠定了基础。

（二）学术研究

高校体育教师的学术研究是对体育学科领域的深度探索和知识创新的重要体现。通过深入的学术研究，教师能够深刻理解体育科学的理论体系和实践问题，推动学科领域的不断发展。学术研究使得高校体育教师能够深入挖掘学科知识。通过对相关领域的文献研究和理论分析，教师能够系统地掌握体育科学领域的前沿理论和研究动态。这有助于构建自己的学科体系，深化对体育科学的理论认识，为学科研究的深入开展奠定基础。学术研究有助于高校体育教师深入思考教育实践中的问题。通过实证研究和案例分析，教师能够发现体育教育领域存在的问题和挑战。深入的学术研究使得教师能够更系统地分析问题的本质，为问题的解决提供科学的依据。高校体育教师的学术研究能够推动学科领域的理论创新。通过自主的研究项目和研究成果的发布，教师有机会为学科领域贡献新的理论观点和研究方法。这种理论创新有助于推动整个学科领域的发展，促使学科在理论层面上成熟。学术研究有助于提升高校体育教师的教育水平。通过深入研究，教师能够不断提高自身在体育教育领域的专业素养。这种提升有助于提高教师在教育实践中的水平，推动学科教学的进步。高校体育教师的学术研究还能够培养学生的研究意识和创新能力。在教学中，教师通过将自己的研究成果引入课堂，激发学生对体育科学的兴趣和研究热情。这种教学与研究的结合有助于培养学生的独立思考和问题解决能力。高校体育教师的学术研究是对体育科学领域的深度贡献。通过深入研究，教师能够更好地了解学科的理论体系和实践问题，为学科的发展提供理论支持。学术研究有助于解决教育实践中的问题，推动学科领域的理论创新，提高教育水平，培养学生的研究意识和创新能力，推动整个体育教育不断进步。

第五章　高校体育教材与资源

第一节　体育教材的选择与开发

一、高校体育教材的选择

（一）体育教材选择的理论和原则

体育教育中教材的选择是重要的理论性任务。在这一过程中，需要综合考虑多个因素，包括教学目标、学生特点、教育环境等。选择合适的体育教材对于有效推动学科的深入学习和全面发展至关重要。理论的支撑能够为教材的选择提供更为科学的指导，促使教育者更好地满足学科发展和学生需求。教材的选择应该紧密围绕教学目标。不同课程和不同层次的教学目标存在差异，因此教材的选择应当符合具体的教学需求。例如，对于初级学生，教材应当注重基础知识和技能的培养；而对于高级学生，教材应注重深度学习和实践操作。通过明确教学目标，能够更有针对性地选择合适的教材，确保教学过程的有效性。学生特点是选择体育教材时需要充分考虑的因素。学生的年龄、学科兴趣、学科背景等因素都会影响其对教材的接受程度和理解深度。因此，教材的选择需要具有一定的灵活性，能够根据学生的特点进行调整和优化。合适的教材应该能够引起学生的兴趣，激发他们的学科学习热情，推动学生的全面发展。教育环境也是教材选择的重要考虑因素之一。教育环境的不同可能导致对教材的需求有所不同。例如，在资源丰富的大学环境中，可以灵活地选择一些前沿性、深度学习的教材；而在一些基础设施相对简陋的地区，可能需要注重实用性和简明性的教材。因此，教材的选择需要充分考虑实际的教学场景，以便更好地服务学生和适应教学环境的需要。

理论的支撑在教材选择中扮演着重要的角色。通过体育教育理论的引导，教育者能够更好地理解学科的本质，把握学科的发展方向，从而科学地选择教材。例如，体育教育理论强调学科的全面性和实践性，教材选择应该符合这一理念，注重理论与实践的结合，促进学生全面素质的培养。实践经验也是教材选择中一个不可忽视的因素。在实际教学中积累的经验能够使教育者更敏锐地感知学生的需求，更准确地判断教材的实际效果。通过不断反思和调整教学方法，能够更好地优化教材的选择，使之更适应实际教学的需要。

（二）高校体育教材市场分析

高校体育教材市场分析是对当前市场状况的深入研究，有助于更好地理解市场需求、竞争格局和发展趋势。市场分析的核心是深入了解市场的特点，以便供应商更准确地满足用户需求，提升教育教材的市场竞争力。市场需求是影响体育教材市场的关键因素之一。随着社会对体育素质的重视和高校体育教育的普及，体育教材市场面临着不断增长的需求。市场需求的多样性也是一个特点，不同学科、年级和教育水平的需求存在一定的差异。因此，供应商在制定产品策略时需要充分考虑市场的多样性，提供个性化的教材。市场竞争格局直接影响供应商在市场中的地位。体育教材市场存在多个竞争方，包括各类出版社、在线教育平台等。竞争主要体现在教材内容的质量、价格的高低以及服务的差异化上。供应商需要通过不断提高教材的质量和服务水平，寻找差异化的竞争策略，从而在激烈的市场竞争中脱颖而出。市场发展趋势是供应商需要关注的重要因素之一。随着科技的不断发展，数字化、在线化的趋势逐渐在体育教育领域崭露头角。传统纸质教材和数字化教材的融合成为市场发展的一个亮点。供应商需要紧跟市场发展趋势，适时调整产品，引入符合时代潮流的数字化体育教材，以满足用户不断升级的需求。教材的内容质量和适用性是影响市场反馈的关键因素。用户对于教材的要求不仅仅是符合教学大纲，更希望教材内容贴近实际、易于理解、能够激发学生学习兴趣。供应商需要通过深入调研用户需求，了解学科发展前沿，确保教材内容的前瞻性和实用性。市场反馈和口碑也是评价体育教材的重要标准。供应商需要通过收集用户反馈，了解用户对于教材的评价和建议，及时调整产品，提升产品的用户体验。通过积极参与教育领域的学术交流，与用户建立更为紧密的联系，建立品牌的良好口碑，从而提高教材在市场中的竞争力。高校体育教材市场分析需要全面深入地了解市场需求、竞争格局、发展趋势等方面的情况。通过对市场的深入洞察，供应商可以准确地制定市场策略，提高教材的市场竞争力。这需要不断更新市场信息，灵活调整产品，以适应体育教育市场的变化和需求。

二、体育教材开发

（一）体育教材开发的原则与方法

体育教材的开发需要遵循一系列原则和方法，以确保教材的质量、适用性和实用性。原则方面，应注重理论与实践的结合。教材应能够将理论知识与实际运动相结合，使学生既能够理解概念，又能在实际运动中灵活运用所学内容。应追求全面性和综合性。体育学科具有多元性，包括运动生理、心理学、训练方法等多个方面。在教材开发中，应全面覆盖这些方面，以确保学生能够全面了解体育知识，培养综合素质。要关注个体差异，推崇个性化。学生在学科学习中存在差异，包括学科兴趣、学科天赋等方面。因此，教材的开发应具有一定的灵活性，能够满足不同学生的个性需求，促使个体差异化的教育。应关注国际化和多元文化。体育学科具有普遍性，因此教材应具备国际化视野，融入不同文化和国际先进理念。这有助于学生更好地适应全球化背景，培养跨文化的视野。还要追求实用性和时效性。教材应具备一定的实用性，能够帮助学生更好地应对实际运动场景和问题。教材要能够及时更新，以适应体育学科的发展和新的研究成果。需要注重教育科技的融入。随着科技的不断发展，教育科技在体育教学中的应用越来越重要。教材的开发应若能够充分融入先进的科技手段，将有效提高教学效果，激发学生的学习兴趣。在方法方面，教材开发可以采用问题导向的方法。这种方法通过将实际问题置于学习的核心，引导学生通过解决问题来获取知识和技能，培养学生的实际问题解决能力。另一种方法是案例分析法。通过分析真实的运动案例，可以使学生更深入地理解理论知识，并将知识应用到实际运动中，促进理论与实践的结合。实践性教学方法也是重要的教材开发方法。通过让学生亲身参与体育活动，实际操作所学知识和技能，有助于提高学生的运动技能水平。高校体育教材的开发应遵循理论与实践相结合、全面性和综合性、个性化、国际化和多元文化、实用性和时效性、教育科技的融入等原则。在方法上，可以采用问题导向、案例分析和实践性教学等方法，促进学生在体育学科中的全面素质发展。

（二）实际教材开发案例

在高校体育教育领域，一次实际教材开发的案例是为了满足现代体育学科的发展需要和学生综合素质培养的目标。此次开发案例以一门综合性的体育科目为例，旨在通过深入的教材设计，促使学生全面理解和掌握相关知识，并培养其实践操作和团队协作能力。教材的内容设计注重整合多学科知识。通过深入研究体育科目的核心概念和理论框架，将运动生理学、心理学、管理学等相关学科的知识有机融合在一起。例如，将运动生理学的运动机能和心理学的运动心理结合，以全面的视角分析运动的影响。这种整合性的设计有助于学生形成对体育科目的综合认知。实际教材的开发案例注重理论与实践的结合。在设计教材时，引入大量的实际案例、实践活动和实验操作，以巩固学生的理论知识并提高其实际操作能力。通过组织学生参与实际运动项目、实地考察运动场馆等活动，培养学生对理论知识的实际应用能力，使其能够更好地适应未来的职业发展要求。实际教材的开发案例还充分考虑了个体差异和学生需求。通过设计多样化的学科学习路径，允许学生根据个人兴趣和发展方向进行选择，提供个性化的学科学习体验。例如，设置不同难度和专业方向的学习模块，使学生能够根据自己的兴趣和能力进行深入学习。在教材开发的过程中，也注重数字化技术的应用。通过引入虚拟实境技术、在线学习平台等工具，提高学生学科学习的灵活性和便捷性。通过在线资源的丰富性和互动性，学生可以更加便捷地获取学科知识，加强与教师和同学的互动，促进学科学习的主动性和深度。在实际教材的开发案例中，教育者还积极参与社会实践和行业交流。通过与相关行业专业人士的合作，收集实际案例和行业动态，及时更新教材内容，确保其与实际行业发展保持同步。教育者的参与还可以促使学生更好地理解学科的实际应用和职业需求，为未来的职业发展做好充分准备。这一实际教材开发案例通过整合多学科知识、理论与实践的结合、个体差异的尊重、数字化技术的应用以及与社会行业的深度合作等方面的设计，为高校体育教育提供了全面、实用和具有前瞻性的学科学习体验。这种实际案例的开发思路对于提高高校体育教育的教学质量和学科吸引力起着积极的推动作用。

（三）教材评估与未来展望

教材评估是高校体育教育不可或缺的环节，通过对教材的全面审查，可以更好地了解教学效果，为未来的体育教育发展提供参考。对于教育者而言，未来展望的思考也是极为关键的，需要根据评估结果进行调整，更好地满足学科发展和学生需求。教材评估的关键在于全面性和客观性。通过多维度、多角度的评估方式，包括学生反馈、教学效果、教育资源利用等方面的评估，能够全面了解教材的质量。客观性的评估标准能够排除主观因素的影响，提高评估的准确性，使评估结果可靠。教材评估需要关注学科特点和教育目标。不同学科有不同的特点和发展方向，教材评估应当根据学科的特点来制定相应的评估标准。教材的设计应当紧密围绕教育目标，确保学生在学科学习中能够达到预期的综合素质和技能要求。教材评估还需要注重实际教学效果的反映。通过观察学生在学科学习中的表现、参与实践活动的情况，收集教育者的教学反馈，从而全面地了解教材对学生的实际影响。这有助于发现教材中可能存在的问题，为未来的教材调整提供有力的依据。教材评估还应该关注教育资源的合理利用。在评估过程中，需要考察教材的内容是否能够充分利用现有的教育资源，包括实验室设备、数字化技术、学术文献等。通过合理利用教育资源，不仅可以提高教学效果，还能够降低教育成本，为未来的教育提供可行的方案。对于未来展望而言，需要从多个方面进行思考。教材设计应当贴近时代发展和社会需求。随着科技的不断进步，数字化技术的应用将成为未来体育教育的重要趋势。因此，未来的教材设计应当更注重数字资源的整合和应用，使学科学习更具时代性和前瞻性。未来的体育教育应当更加注重跨学科的整合。体育学科与生物学、心理学、管理学等学科的关联性越来越明显，未来的教育应当强调跨学科知识的整合，培养学生更为全面的素质。未来的体育教育还应当更注重个性化和差异化。学生的兴趣、能力、发展方向各异，未来的教育应当更灵活地满足不同学生的需求，通过个性化的学科学习路径，培养独具特色的专业人才。教材评估与未来展望相辅相成。通过深入评估，可以更好地发现问题和挑战，为未来的体育教育提供改进和创新的方向。未来展望的思考则需要从时代发展、跨学科整合、个性化需求等多个层面出发，构建科学、全面和灵活的体育教育体系。

第二节 多媒体教材与在线资源

一、多媒体教材

（一）高校体育教育中的多媒体教材的重要性

高校体育教育中多媒体教材的重要性不可忽视。这种资源的引入不仅拓展了教学手段，更为学生提供了直观、生动的学习体验，促进了知识的深刻理解和技能的实际运用。多媒体教材通过图像、声音和视频等方式呈现信息，使得抽象的理论知识直观，容易引起学生的兴趣。图文并茂的教学材料可以帮助学生更好地理解运动原理、技能要领等内容，激发学习动力，提高学习效果。多媒体教材的引入为高校体育教育带来了广泛的学科信息。学生可以通过网络获取到最新的研究成果、运动科学理论、国际先进教学方法等信息，使其在学科发展的前沿保持敏感。这有助于培养学生的创新思维，使其在体育领域更具竞争力。多媒体教材的结合也为高校体育课程提供了更多实践性的教学内容。通过观看实际运动视频、参与虚拟实验，学生可以直观地感受运动技能的实际操作，提高实际运用知识的能力。这种实践性教学方法有助于巩固理论知识，使学生在体育实践中游刃有余，还能够打破时空限制，方便学生随时随地获取学习资料。学生可以在课堂内外，通过电脑、平板或手机等设备，灵活地获取所需信息。这种便捷性有助于学生更好地安排学习时间，提高学习效率。多媒体教材的使用也为个性化教学提供了更多可能。通过在线平台，教师可以根据学生的个体差异，提供相应的学习资源和辅导，实现更具个性化的教学。这有助于满足不同学生的学科需求，促使他们主动地参与学习。多媒体教材的重要性还在于其对教学过程的可视化和交互性的提升。教师可以借助多媒体技术，设计生动有趣的教学内容，使学生更容易理解和接受。多媒体教材的交互性也能够激发学生的学习兴趣，促使其更积极地参与课程。高校体育教育中多媒体教材的重要性主要表现在提升教学效果、拓宽学科信息渠道、促进实践性教学、打破时空限制、支持个性化教学、提升教学过程的可视化和交互性等方面。这种资源的应用不仅满足了学生对丰富学科知识的需求，还增强了教学的灵活性和效果，为高校体育教育注入了新的活力。

（二）多媒体教材的设计理论和原则

多媒体教材的设计是高校体育教育中重要的一环，其目的是通过多样化的媒体形式，更好地传达体育知识，提升学生的学习体验。认知负荷理论是多媒体教材设计的基石之一。认知负荷理论认为，学习者的认知负荷有一个极限，超过这个极限会导致学习效果下降。在多媒体教材设计中，需要注意避免信息的过载，合理控制学习者在单位时间内接收到的信息量，以确保学习的深度和效果。多元智能理论是多媒体教材设计中的重要指导原则之一。多元智能理论认为学生具有不同的智能类型，包括语言智能、逻辑数学智能、视觉空间智能等。在多媒体教材设计中，应当充分考虑学生的多元智能，采用多样化的媒体形式，满足不同类型学生的学习需求，提高教学的差异化水平。建构主义学习理论提出学习是一种建构知识的过程。在多媒体教材设计中，应该提供具有挑战性和启发性的学习任务，促使学生主动思考和建构知识。通过设计有趣的多媒体教学场景，鼓励学生参与讨论和合作，提高学生对体育知识的理解和应用能力。情感学习理论认为情感与学习密切相关。在多媒体教材设计中，应注重激发学生的兴趣和情感投入。通过生动的图像、音频效果、实例故事等方式，使学习过程更具情感共鸣，提高学生的学习动机和情感投入，促进知识的深层次消化与吸收。交互性设计原则是多媒体教材设计的核心之一。多媒体教材应当提供交互性的学习体验，使学生能够参与学习过程，而不是被动接受信息。通过设计问题解答、案例分析、虚拟实验等互动性的环节，促进学生积极思考、合作学习，达到更好的学习效果。可访问性原则是多媒体教材设计不可忽视的方面。教材应当具备良好的可访问性，保证所有学生都能够方便地获得和理解教学内容。这包括考虑到残障学生的需求，采用易读字体、提供文字描述、增加音频讲解等方式，以确保教材对所有学生都具有友好性。

（三）多媒体教材的开发与制作

多媒体教材的开发与制作是高校体育教育中的复杂而关键的任务。这一过程需要综合考虑教育目标、学科特点、学生需求以及现代科技的应用，以创造出符合时代要求、贴近实际的教学资源。在开发与制作多媒体教材时，首要考虑的是教育目标。教育目标是多媒体教材设计的出发点，需要明确体育教育的核心目标和期望学生在学习过程中达到的综合素质。教育者应深入了解体育学科的特点，明确所设计教材的目的，以保证多媒体教材能够有效地服务于实现教育目标的过程。多媒体教材的开发与制作需要注重内容的深度与广度。体育学科涉及内容广泛，不仅包括理论知识，而且涉及实践技能和跨学科知识。因此，在开发过程中应综合考虑体育学科的全面性，设计既涵盖基础知识体系，又包括实际应用和案例分析的内容。深度的学科内容能够更好地满足学生的学科学习需求，提升教材的实用性和深度。在制作多媒体教材时，互动性是一个不可忽视的关键要素。通过引入互动元素，如问题解答、模拟实验、虚拟实境等，能够激发学生的积极性和主动性。互动性的设计有助于提高学生的学习兴趣，促进知识的深度理解和应用。多媒体教材的开发与制作还应考虑到适应性和灵活性。学生的学科背景、兴趣和学习风格各异，因此，教材应当具有一定的适应性，允许学生根据个体需求选择不同的学习路径。多媒体教材的制作应灵活运用数字技术，包括视频、音频、图像等元素，使学习过程生动和多样。数字技术的应用是多媒体教材制作的关键。通过运用先进的数字技术，如虚拟实境、在线模拟实验、云端资源等，能够更好地呈现体育学科的实际情境和实践过程。数字技术的运用有助于提高教学的趣味性和实用性，激发学生对体育学科的兴趣和热情。多媒体教材的开发与制作需要注重可持续性和更新性。体育学科的知识体系在不断发展和演变，因此，教材应当具有一定的灵活性，能够随时更新和调整，以适应学科发展的新趋势和新知识的涌现。保持教材的新颖性和时效性有助于提高学生的学科认知水平。

（四）多媒体教材的评估与未来展望

高校体育课程中多媒体教材的评估是重要的工作。这不仅涉及教学质量的提升，更关系到学生在体育学科中的深度理解和实际运用能力的培养。多媒体教材作为一种新型的教学手段，其评估需要综合考虑多个方面，以确保其在高校体育课程中的有效应用。多媒体教材的评估需要注重内容的丰富性和准确性。教材内容应当涵盖体育学科的多个领域，确保学生能够全面理解体育理论知识和实践技能。同时，内容的准确性也是评估的关键因素，确保学生接受到的信息是真实可靠的，有助于他们建立正确的体育认知和理解。多媒体教材的评估需考虑其在激发学生学习兴趣方面的效果。教材设计应当具有吸引力，通过图像、声音和视频等多媒体元素，使学生更容易产生学习动力。这有助于打破传统教学的单一模式，激发学生对体育学科的浓厚兴趣，提高学习效果。教材的可操作性和互动性也是评估的关键点。多媒体教材的设计应当考虑到学生的实际操作，确保其易于使用和理解。互动性则可以通过教学平台的设计，促使学生更积极地参与讨论、提问和实践，加深对体育知识的理解和掌握。评估多媒体教材还需要考虑其在个性化教学方面的效果。多媒体教材可以根据学生的个体差异，提供不同难度和深度的学习资源，实现更为个性化的教学。这种差异化的设计有助于满足学生不同的学科需求，使其更主动地参与学习。未来展望方面，我们可以期待多媒体教材在技术和教育理念的不断发展中取得更大突破。随着技术的不断更新，我们可以期待更为先进和智能化的多媒体教材设计，更好地适应学生的学科学习需求。人工智能技术的应用可以为多媒体教材带来更为个性化和智能化的互动体验，提升学习的效果。多媒体教材还有望进一步拓展其跨学科融合的能力。通过整合体育学科与其他学科的知识，多媒体教材能够更好地反映出体育在多个领域中的应用和影响。这有助于培养学生的综合素质，提高他们在不同领域中的竞争力。

二、在线资源

（一）高校体育教育中的在线资源的重要性

高校体育教育中在线资源的重要性不可忽视。这种资源的引入不仅拓展了教学手段，更为学生提供了直观、生动的学习体验，促进了知识的深刻理解和技能的实际运用。通过图像、声音和视频等方式呈现信息，使得抽象的理论知识直观，容易引起学生的兴趣。图文并茂的教学材料可以帮助学生更好地理解运动原理、技能要领等内容，激发学习动力，提高学习效果。在线资源的引入为高校体育教育带来了更广泛的学科信息。学生可以通过网络获取到最新的研究成果、运动科学理论、国际先进教学方法等信息，使其在学科发展的前沿保持敏感。这有助于培养学生的创新思维，使其在体育领域更具竞争力。在线资源的结合也为高校体育课程提供了更多实践性的教学内容。通过观看实际运动视频、参与虚拟实验，学生可以更直观地感受运动技能的实际操作，提高实际运用知识的能力。这种实践性教学方法有助于巩固理论知识，使学生在体育实践中更加游刃有余。在线资源还能够打破时空限制，方便学生随时随地获取学习资料。学生可以在课堂内外，通过电脑、平板或手机等设备，灵活地获取所需信息。这种便捷性有助于学生更好地安排学习时间，提高学习效率。在线资源的使用也为个性化教学提供了更多可能。通过在线平台，教师可以根据学生的个体差异，提供相应的学习资源和辅导，实现更个性化的教学。这有助于满足不同学生的学科需求，促使他们更主动地参与学习。在线资源的重要性还在于其对教学过程的可视化和交互性的提升。教师可以借助多媒体技术，设计生动有趣的教学内容，使学生更容易理解和接受。在线资源的交互性也能激发学生的学习兴趣，促使其积极地参与课程。

（二）在线资源的类型和特点

在线资源在高校体育教育中扮演着日益重要的角色，它们种类繁多，具有各自独特的特点，为学生提供了广泛、灵活的学习途径。一类常见的在线资源是数字化教材。这些教材以电子文档的形式存在，包括文字、图片、视频等多种元素，具有灵活性高、便携性强的特点。学生可以通过电脑、平板或手机等设备随时随地访问这些资源，获得丰富的学科内容。数字化教材的特点在于其能够提供多媒体化的学科知识，使得学生更易理解抽象概念，增强学习的直观性。学术论文数据库是高校体育教育中不可或缺的在线资源。这些数据库包含了大量的学术期刊、研究报告和专业论文，覆盖了体育科学、运动医学等多个领域。学生可以通过这些数据库获取到最新的研究成果、学科理论等信息，为其深入学习提供了强有力的支持。学术论文数据库的特点在于其具有权威性和专业性，为学生提供了深入挖掘学科的机会。

虚拟实验室和模拟软件是在线资源中的创新型教学工具。这类资源通过数字技术，模拟实际的运动场景和实验环境，使学生能够在虚拟的情境中进行实践性学习。虚拟实验室和模拟软件的特点在于其能够提供安全、可控的实践环境，使学生在不同的体育场景中进行模拟操作，提高其实际技能水平。线上视频平台也是高校体育教育中常见的在线资源。这些平台包括各种教学视频、运动技能演示、专业讲座等内容，学生可以通过观看视频了解运动技能的实际操作、学科理论的深入讲解。线上视频平台的特点在于其视听性强，为学生提供了具体的学科呈现方式，使学习内容生动。社交媒体和在线社区也在高校体育教育中发挥重要作用。学生可以通过这些平台与同学、教师进行交流，分享学科心得、参与讨论，形成学科学习的社群效应。社交媒体和在线社区的特点在于其强调互动性，促进学生之间的合作和信息交流，为学生提供了更为广泛的学科交流空间。

（三）在线资源的教学应用

在线资源在高校体育教育中的教学应用具有多方面的特点和优势。它为教学提供了灵活和多样的方式。教师可以通过在线资源设计各种形式的教学内容，包括数字化教材、虚拟实验室、线上视频等，使得学生在不同的学科环境中接触知识，拓展了传统教学的形式。在线资源能够满足学生个性化学习的需求。不同学生具有不同的学科兴趣和学习习惯，而在线资源的教学应用可以根据学生的特点提供相应的学科内容和支持。这种个性化的学习方式有助于激发学生的学科热情，提高学习效果。在线资源的教学应用还促进了学科信息的及时更新。学科知识在不断发展演进，通过在线资源，教师可以及时获取到最新的学科研究成果、实践经验等信息，为学生提供前沿的学科内容，使他们能够紧跟学科发展的步伐。在线资源的教学应用还能够拓展学生的学科视野。通过学术论文数据库、线上视频平台等资源，学生可以接触到更广泛的学科知识，了解不同国家和文化的学科理念，促使他们形成综合和国际化的学科认知。在线资源的教学应用有助于提高学生的实践性能力。虚拟实验室和模拟软件等资源可以为学生提供更多的实践机会，使他们在虚拟环境中进行运动技能的实际操作，提高其实际应用知识的水平。这种实践性教学方式有助于巩固理论知识，提升学生的实际运用能力。社交媒体和在线社区等资源的教学应用可以促进学生之间的交流与合作。学生可以通过这些平台分享学科心得、参与讨论，形成学科学习的社群效应。这种互动性强的学科交流方式有助于丰富学生学科体验，激发学科学习的兴趣。

（四）在线资源评估与未来展望

高校体育课程中引入在线资源评估具有显著的价值。通过在线资源的评估，教师可以更加全面地了解学生的学习情况和掌握他们在运动技能、理论知识等方面的实际水平。这种评估方式不仅可以帮助教师更好地调整教学策略，更能够为学生提供更为个性化和精准的指导。在线资源评估的一个显著优势在于其实时性。教师可以通过在线平台随时查看学生的学习进度，及时了解到学生在课程中的困难和问题。这种实时反馈有助于及早发现学生的学习困扰，采取有针对性的帮助和改进措施，确保学生在学科学习中能够及时调整方向。与传统的考试方式相比，在线资源评估更加注重学生的实际运用能力。通过观察学生在在线平台上的实际操作，教师能够全面地评估学生对运动技能和理论知识的掌握程度。这种基于实际表现的评估方式，更能够真实地反映学生的水平和潜力，有助于教师制订更科学、个性化的教学计划。在线资源评估还有助于促进学生的自主学习。学生在在线平台上可以根据自身的学习进度和兴趣，灵活选择学习资源，进行自主学习。这种自主性的学习方式培养了学生的自我管理和自主探究的能力，使其在学科学习中更具有独立性和主动性。未来展望方面，随着技术的不断进步，在线资源评估将更趋完善。可能会出现更先进的数据分析和人工智能技术，使评估结果更为精准和深入。同时，多元化的评估方式将得到更多探索，包括视频展示、虚拟实验等形式的评估，更能全面展现学生的能力和表现。我们还可以期待在线资源评估的深度融合。通过整合各类在线资源，不仅能够更好地进行学科知识的评估，还能够更全面地考察学生的创新能力、团队协作精神等综合素质。这将使评估结果更加全面、准确，为学生的全面发展提供更有针对性的引导。未来的在线资源评估将更注重个性化教学。通过大数据分析和个性化学习平台，教师可以更准确地了解学生的学科特长和擅长方向，为每个学生提供更符合其个体差异的学习资源和评估方式。这将有助于最大限度地挖掘学生的潜力，促使其在体育领域中突出。

第三节　实验教学与教学设施

一、高校体育实验教学

（一）实验教学在高校体育教育中的重要性

高校体育教育中实验教学的重要性不可忽视。实验教学作为一种实践性的学习方式，能够深化学生对体育理论知识的理解，提高其运动技能水平。合理设施的教学环境能够创造出适宜的学科氛围，激发学生的学科热情，促进其全面素质的发展。实验教学在高校体育教育中的重要性主要体现在以下几个方面：实验教学可以增强学生对体育理论知识的实际应用能力。通过在实际运动场景中进行实验，学生能够更加直观地理解学科理论，巩固所学知识。这种实践性的学习方式有助于将抽象的概念转化为具体的实际操作，提高学生对体育学科的深度理解。实验教学有助于培养学生的团队协作和沟通能力。在实验过程中，学生通常需要协同合作，共同完成实验任务。这不仅促使学生建立团队意识，还培养了他们的沟通与合作技能，使其具备更强的团队协作能力。实验教学可以提高学生的问题解决能力。在实验中，学生往往会面临各种实际问题，需要通过运用所学知识进行分析和解决。这种实践性的学习过程锻炼了学生的问题感知和解决问题的能力，培养了他们的实际操作技能。在实验教学中，教育设施的合理运用也至关重要。不仅包括体育场馆、实验室等硬件设施，还包括教学工具、器材等软硬结合的教育资源。这些设施的优劣直接关系到实验教学的质量。充足的硬件设施能够为实验提供更好的实践环境。例如，有足够先进的体育场馆和实验室，可以为学生提供更广泛的实践机会，使实验更贴近实际运动场景，提高学生的实际运用水平。良好的教学工具和器材是实验教学中不可或缺的一部分。通过使用先进的器材，学生可以更安全、更有效地进行实验操作，提高实验的可行性和实用性。这有助于使实验教学更加精准、有效。硬件设施的更新和维护也关系到实验教学的可持续发展。定期更新设施，保持其先进性，有助于提升实验教学的水平。对设施的维护也能够延长其使用寿命，保障实验教学的稳定运行。

（二）实验教学理论和原则

实验教学是高校体育教育中的一项重要组成部分，具有独特的理论基础和实施原则。在体育学科的实验教学中，理论与实践相结合，通过实际操作提高学生的理论水平和实践能力。实验教学的理论基础主要包括建构主义学习理论、认知负荷理论和动手能力理论。建构主义认为学习是一种建构知识的过程，通过实验，学生可以亲身体验、探索，从而更好地建构知识体系。认知负荷理论强调学习者的认知负荷有限，实验设计应当合理控制信息的复杂度，以确保学生的有效学习。动手能力理论则强调通过实际操作培养学生的实际动手能力，使学生能够将理论知识应用于实践中。在实验教学中，设计实验的原则包括贴近实际、明确目的、注重探究、强调团队合作等。实验设计应当与实际应用紧密结合，以确保学生能够将实验中获得的知识和技能应用于实际生活和工作中。实验目的应当明确，使学生在实验中能够达到既定的学科目标。注重探究的原则强调学生在实验中要具有独立思考和解决问题的能力，不仅仅是被动接受实验结果。团队合作则有助于培养学生的团队协作能力，提高实验的效果。实验教学中的实施原则主要包括师生互动、个性化教学和问题导向。师生互动是实验教学中不可或缺的环节，教师应引导学生主动参与实验，提高他们的学科认知水平。个性化教学强调在实验教学中应考虑到学生的差异性，根据个体特点提供个性化的学习体验。问题导向则是实验教学的一种重要方式，通过提出问题，激发学生思考，引导他们深入实验，培养解决问题的能力。实验教学的实施过程需要注重实验条件的创设、学生参与度的提高、实验结果的分析等。实验条件的创设要求有充足的实验设备和资源，以确保学生能够顺利完成实验。学生参与度的提高则需要教师精心设计实验，激发学生兴趣，引导他们积极参与。实验结果的分析是实验教学的重要环节，通过分析实验结果，学生可以更深刻地理解体育学科的理论知识。

（三）实验教学课程的设计

实验教学课程的设计在高校体育教育中具有重要的作用。设计一个富有实践性、具有挑战性的实验教学课程，不仅可以深化学生对体育理论知识的理解，还能培养其实际操作技能和团队协作精神。实验教学课程的设计需要充分考虑学科的特点和学生的实际需求。体育学科涉及多个方面，包括运动生理学、运动心理学、训练方法等，设计时应细分不同领域，确保每个实验都能紧密围绕特定的学科内容展开。了解学生的背景和兴趣，将实验设计与他们的实际需求相结合，以提高学生的学科学习积极性。实验教学课程的设计要强调实践性。实验是体育教育中学科理论与实际运用结合的重要手段，因此，实验教学课程的设计应着重于培养学生的实际动手能力。通过设置具体的实验项目，让学生亲身参与和体验，从而更好地理解和掌握学科知识。在设计实验教学课程时，注重问题导向。通过设置问题和挑战，激发学生主动思考和解决问题的能力。问题导向的设计能够引导学生深入思考实验目的、实验方法以及实验结果的意义，促进他们的批判性思维和创新能力的发展。实验教学课程的设计还需要强调团队协作。许多体育项目都是团队性质的，培养学生的团队协作能力对于他们未来的职业发展至关重要。因此，实验教学课程的设计应当设置合作性实验项目，通过团队合作的方式完成实验，培养学生的协作精神和团队领导力。实验教学课程的设计应注重资源的合理利用。在设计过程中，充分考虑实验室设备、人力资源和时间等因素，确保实验的可行性和有效性。合理的资源利用有助于提高实验的实际效果，使学生更好地理解学科知识。实验教学课程的设计需要考虑与现代科技的结合。数字技术的应用能够丰富实验教学的形式，如虚拟实境、在线模拟实验等。通过利用现代科技，可以创造更生动、实用的实验场景，提高实验的趣味性和吸引力。实验教学课程的设计是高校体育教育中的重要环节，它需要贴近学科特点，注重实践性，强调问题导向和团队协作，合理利用资源，结合现代科技。一个富有创意和实效性的实验教学课程能够为学生提供更为全面的学科体验，促进其知识和能力的全面发展。

（四）实验教学的评估与未来展望

高校体育课程中实验教学的评估具有深远的意义。这种教学方式强调实践操作，通过亲身体验让学生深入地理解和掌握体育理论知识以及运动技能。实验教学的评估涉及多个层面，包括教学内容的设计、学生参与度、实验过程的指导等方面。评估的目的不仅在于检验教学效果，更在于为未来实验教学提供更有针对性的改进方向。实验教学的评估需要关注教学内容的设计。教材内容应当具有科学性、实用性，旨在培养学生的实际操作能力和解决问题的能力。评估过程中需要考虑教材的更新和调整，以适应体育领域不断发展的新知识和新技术，确保学生接受到的信息是前沿而实用的。评估实验教学需要关注学生的参与度。学生的积极参与是实验教学的关键，评估过程中需要关注学生对实验任务的主动参与程度、对问题的思考能力以及在实验中表现出的创造性。这有助于衡量实验教学对学生学科素养的实际影响。实验教学的评估还需考虑实验过程中的指导和反馈。教师在实验中的指导应当具有针对性，帮助学生解决实际问题，引导他们更好地理解和应用理论知识。评估过程中需要重点关注教师对学生学习过程的及时反馈，以便更好地调整教学方法和内容。未来展望方面，我们可以期待实验教学的评估向更为综合和更具深度的方向发展。随着技术的进步，可以考虑引入虚拟实验和模拟实验等新的实验形式。这将为学生提供更灵活的学习环境，拓展实验教学的应用领域，提高实验的真实感和趣味性。未来的评估中可以更加注重实验教学与实际应用的结合。通过与实际场景的联系，学生能够更好地将实验教学中学到的理论知识和技能应用到实际体育活动中。这种实际应用的评估方式有助于检验学生的实际运用理论知识的水平和解决问题的能力。未来还可以期待实验教学的评估在个性化学习方面有更大的突破。通过采用不同难度和深度的实验任务，教师可以更好地满足学生的个体差异，实现更为个性化的实验教学。这将有助于激发学生的学习兴趣，提高他们在实验中的投入度。

二、教学设施

（一）教学设施的重要性

高校体育教育中教学设施的重要性不可忽视。作为一种实践性的学习方式，能够深化学生对体育理论知识的理解，提高其运动技能水平。设施合理的教学环境能够创造出更为适宜的学科氛围，激发学生的学科热情，促进其全面素质的发展。在高校体育教育中的重要性主要体现在以下几个方面：可以增强学生对体育理论知识的实际应用能力。通过在实际运动场景中进行实验，学生能直观地理解学科理论，巩固所学知识。这种实践性的学习方式有助于将抽象的概念转化为具体的实际操作，提高学生对体育学科的深度理解。有助于培养学生的团队协作和沟通能力。在实验过程中，学生通常需要协同合作，共同完成实验任务。这不仅促使学生建立团队意识，还培养了他们的沟通与合作技能，使其具备更强的团队协作能力。可以提高学生的问题解决能力。在实验中，学生往往会面临各种实际问题，需要通过运用所学知识进行分析和解决。这种实践性的学习过程锻炼了学生的问题感知和解决问题的能力，培养了他们的实际操作技能。在实验中，教学设施的合理运用也至关重要。教学设施不仅包括体育场馆、实验室等硬件设施，还包括教学工具、器材等软硬结合的教育资源。这些设施的优劣直接关系到教学的质量。充足的硬件设施能够为实验提供更好的实践环境。例如，有足够先进的体育场馆和实验室，可以为学生提供广泛的实践机会，使实验更贴近实际运动场景，提高学生的实际运用水平。良好的教学工具和器材是教学中不可或缺的一部分。通过使用先进的器材，学生可以更安全、更有效地进行实验操作，提高实验的可行性和实用性。这有助于使教学更加精准、有效。硬件设施的更新和维护也关系到教学的可持续发展。定期更新设施，保持其先进性，有助于提升教学的水平。对设施的维护也能够延长其使用寿命，保障教学的稳定运行。

（二）教学设施的分类与特点

教学设施在高校体育教育中扮演着重要的角色，它们的分类和特点直接关系到教育质量和学生学科体验的提升。基于功能和用途的不同，教学设施可以分为多个类别，每种类别都有其独特的特点。体育场馆是高校体育教育中不可或缺的设施之一。体育场馆主要用于开展各类体育运动和活动，包括室内体育馆和室外运动场地。其特点在于可以提供广泛的运动空间，支持各种体育项目的进行。体育场馆的设备和场地布局直接关系到学生进行体育运动的舒适性和安全性，因此，设施的合理设计和维护至关重要。实验室是进行科研和实验性教学的重要场所。在高校体育教育中，运动科学实验室等实验室设施用于进行运动生理学、运动心理学等方面的研究和实验。实验室的特点在于其配备专业的仪器设备，能够提供严密的实验环境。这有助于进行科学研究和培养学生的实际操作技能。教学场地是指用于体育教学的具体场地，例如体育课的教学场地、训练场地等。这类场地的特点在于其能够满足不同体育项目的教学需求，包括足球场、篮球场、田径场等。教学场地的设计和设施质量直接关系到体育课程的实际效果，因此需要合理规划和维护。图书馆和多媒体教室等学习空间也是高校体育教育中的重要设施。图书馆提供了大量的学科文献和参考资料，支持学生的自主学习和科研活动。多媒体教室配备了现代化的教学设备，支持多媒体教学和线上学习。这些学习空间的特点在于提供安静、舒适的学习环境，促进学生的学科理解和自主学习。康复中心和训练设施等专业场所也是高校体育教育中的重要组成部分。康复中心主要用于学科相关的康复治疗和健康管理，提供学生身体素质的专业检测和康复服务。训练设施用于提供专业的训练环境，支持运动员的高水平训练。这些场所的特点在于其专业性和面向特定需求的功能，有助于满足学科不同层次和方向的需求。

（三）教学设施的管理与维护

高校体育教育中的教学设施的管理与维护是确保教育质量和学科体验提升的关键环节。管理与维护工作的有效开展，不仅能够延长设施的使用寿命，保障设施的安全和性能，也能够提升设施的整体效益，为学生提供更为良好的学科环境。教学设施的管理包括设施的合理规划和有效利用。在规划阶段，需要充分考虑学科需求、学生数量、未来发展等因素，确保设施的布局合理、功能完备。通过制定科学合理的设施使用计划，确保各个设施资源的充分利用，提高教学效率。设施管理还包括对设备设施的日常维护工作。这包括定期的设备检查、保养和维修，确保设施始终处于良好的运行状态。维护工作还需要及时替换老化和损坏的设备，保证设施的安全性和可用性。设施的维护还需要关注环境卫生和设备卫生，创造整洁、安全的学科环境。设施管理的一部分还涉及人员的合理配置和培训。确保有足够的专业人员负责设施的管理和维护工作，他们需要具备专业知识和技能，能够快速、准确地应对设备故障和突发问题。通过培训，提高管理人员和操作人员的技能水平，增强他们的责任心和紧急应变能力。设施的安全管理也是教育环境维护的重要方面。这包括建立完善的安全制度和紧急处理预案，定期组织安全演练，确保在紧急情况下能够迅速、有序地进行处置意外状况。对于一些特殊设备和场地，需要制定专门的安全操作规程，确保师生的人身安全。在设施管理的过程中，信息化管理也发挥着越来越重要的作用。通过信息化手段，可以对设施的使用情况、维护记录、安全检查等进行实时监控和记录，提高管理的科学性和精准性。信息化管理还能够帮助学校更好地统筹资源，合理规划设施的使用，提高整体效益。

（四）教学设施的评估与未来展望

高校体育课程中教学设施的评估是教学效果和学生体验的关键因素之一。评估的核心在于审视教学设施的实用性、安全性和创新性，以及其对学生学科素养和实际运动能力的影响。教学设施的评估需要关注设施的基础设备和场地条件。设施的基础设备应当满足教学需求，确保各类体育活动和实验都能够顺利进行。同时，场地条件的安全性也是评估的关键点之一，保障学生在体育活动中的安全是设施评估的首要任务。在评估教学设施的同时，需要注重设施的多功能性和灵活性。多功能性能够满足不同体育项目和课程的需求，使得学生能够在各种场景下进行全面的体育锻炼。灵活性则可以使教学设施更好地适应不同课程的特点，有助于提升教学的适应性和实用性。评估还需考虑设施的现代化和科技化水平。随着科技的不断发展，现代化的教学设备和技术将为体育课程注入新的活力。例如，虚拟现实技术、智能化运动分析系统等新兴技术的引入，可以提升学生在体育运动中的感知和理解水平，使教学更具创新性和吸引力。在未来展望方面，我们可以期待教学设施的评估向数字化和智能化方向发展。通过数字化的教学设备和在线平台，学生可以方便地获取学科知识和实践技能。这有助于提高教学效率，使学生更好地掌握体育领域的专业知识。未来的评估还可以注重教学设施与实际职业需求的对接。通过与行业合作，了解职业体育运动员、教练员等专业人才对于设施的需求和期望，有助于调整和改进教学设施，使之符合实际应用和职业发展的需求。未来的评估可以更关注设施对于学生体育素质和综合能力的培养。通过评估学生在教学设施中的实际运动水平、团队协作能力等方面的表现，可以更全面地了解设施对学生整体素质的影响，从而为未来教学设施的改进提供更科学的依据。

第四节　体育教材的可持续利用与更新

一、体育教材的可持续利用

（一）体育教材的可持续利用在高校体育教育中的背景和重要性

高校体育教材的可持续利用的背景尤为重要。这反映了社会对资源的更有效利用以及追求环境友好和经济可行性的共同需求。在这一背景下，高校体育教育也需要不断适应变革，通过可持续利用的手段，为学生提供丰富、有效的学科体验。可持续利用的背景是对资源的合理利用和保护环境的需求。随着社会的发展，资源的稀缺性和环境的可持续性问题愈发凸显。在高校体育教育中，运动场馆、实验室等设施的建设和运营都需要大量的资源支持。因此，通过合理规划、有效管理和科技创新，实现这些设施的可持续利用，成为应对社会需求的重要途径。可持续利用是提升高校体育教育质量和服务水平的必然选择。在资源有限的情况下，如何更有效地利用和管理已有的设施，使其发挥更大的作用，成为高校体育教育的管理切点。通过设计、引入新技术，高校体育教育能够更好地适应学科发展和学生需求的变化，提供更为先进、多样化的学科环境，为学生提供更好的学科体验。社会对高校体育教育的投入和质量要求不断提高，可持续利用成为提高教育设施利用率和提升教育质量的关键因素。随着社会对高校体育教育的认可度提升，各方对其的投入也日益增加。为了更好地满足社会需求和提升学科竞争力，高校需要通过设施的可持续利用来提高教育服务水平，提供更为现代化和专业化的学科环境。科技的不断发展也为高校体育教育的可持续利用提供了支持。通过引入新技术、数字化手段，可以在不断提升设施和设备的性能的同时实现资源高效利用。例如，运用虚拟实验室、在线教学平台等，为学生提供灵活和便捷的学科学习方式，推动体育教育的创新和发展。

（二）可持续教育理论和原则

可持续教育是高校体育教育中的一项重要理论和实践，其核心理念是通过合理规划和灵活运用教育资源，持续不断地满足学生的学科需求，促使其在不同阶段都能得到全面发展。可持续教育理论强调个体差异性。每位学生都是独特的，有着不同的学科兴趣、学科水平和学科需求。因此，可持续教育理论强调在教育中应该充分考虑学生的个体差异性，为其提供个性化的学科学习体验，以满足其多样化的学科发展需求。可持续教育理论注重学科知识的系统性和层次性。学科知识是有机的，各个阶段的学科内容都相互联系。可持续教育理论倡导通过设定层次性的学科目标和内容，确保学科知识的系统性，使学生能够在持续学习中逐步深化对学科的理解。可持续教育理论的第三要点是实践性。理论知识的实际应用是体育教育的重要目标之一。因此，可持续教育理论强调通过实际项目和实践活动，使学生能够将所学的理论知识运用到实际情境中，培养其实际动手能力。可持续教育理论也强调学科知识的更新和适应性。学科知识是不断发展变化的，为了适应社会和学科的发展，学生需要不断学习新知识，更新自己的学科素养。可持续教育理论倡导通过不断更新和调整教育内容，使学科知识保持活力。在实践中，可持续教育的原则有助于指导具体的教学活动。注重个体差异性，教师应充分了解学生的背景和需求，为其提供符合个体差异的学科学习计划。设计系统性的学科课程，使学科知识呈现出层次性和递进性，确保学生在不同阶段都能够得到全面发展。教学中应重视实践性，通过组织实际项目和实践活动，使学生在实际操作中巩固和应用学科知识。教育内容的更新和适应性也是关键，教师应随时关注学科领域的新进展，及时调整教育内容，确保学科知识的新鲜度和适应性。

（三）可持续利用的未来展望

高校体育教育在可持续利用的理念指导下，面临着广阔的未来发展空间。可持续利用的概念强调在体育教育中注重资源的有效利用、环境的保护与社会的共享。未来展望中，高校体育教育将更加注重个体差异的关照，推动创新科技的运用，并积极响应社会变革，塑造更为健康、平等、开放的体育教育体系。未来的高校体育教育将更加关注个体差异的尊重与发展。体育不再仅仅是一种固定的模式，而是根据学生的个体特点、兴趣爱好以及身体状况进行的个性化设计和教学。通过多样的体育项目，满足学生的个性需求，激发他们对运动的兴趣，促使更多的学生参与体育活动。未来高校体育教育将加大对科技创新的应用。随着科技的发展，虚拟现实、人工智能等技术将更广泛地融入体育教学，为学生提供更生动、直观的学习体验。运用智能设备和大数据分析技术，教师能够更准确地了解学生的运动状况，制定更科学的训练计划。这种创新科技的运用将推动体育教育向更高效、个性化的方向发展。未来高校体育教育注重社会责任与可持续发展。体育教育不仅仅是为了培养优秀运动员，更是为了培养具备良好身体素质、团队协作能力和社会责任感的公民。体育项目注重对社会的贡献，积极参与公益事业，推动体育教育与社会的深度融合。关注体育场馆的节能环保设计，促使体育教育在可持续利用的框架下不断创新。未来高校体育教育将更加强调全人教育的理念。不仅仅关注学生的身体发育，更注重其思维、情感和社交的全面发展。通过引导学生参与团队运动、培养合作精神，高校体育教育将在塑造更为全面的个体中发挥积极作用。这一全人教育的理念有助于培养更具创造力和综合素养的新一代体育人才。

二、体育教材的更新

体育教育中教材的更新对于提升学科教育质量和适应时代需求至关重要。教材作为教学的核心工具，直接影响着学生对体育学科知识的理解和掌握。因此，更新体育教材必须紧密结合学科发展、学生需求和教学目标，以不断提升教育水平。教材的应当紧密贴合体育学科的最新发展趋势。体育作为一门学科，其理论知识和实践经验都在不断演进。教材的更新需要及时融入最新的科研成果和实践经验，以确保学生接触到的是前沿的体育知识。这有助于激发学生的学科兴趣，提高其对体育学科的深度理解。教材的更新需要注重多样性和灵活性。体育学科涵盖众多方面，包括运动科学、运动训练、运动心理学等多个领域。教材的更新应当兼顾这些不同领域，呈现出多元、全面的体育学科内容。教材的更新需要具备一定的灵活性，以适应不同教学环境和学生特点，使得教学更加个性化。体育教材的更新需要强调实践性。体育学科具有强烈的实践性，而教材作为学科的主要传授媒介，应当通过案例分析、实际案例呈现等方式，将理论知识与实际运动结合起来。这样的有助于加深学生对体育理论的理解，提高他们在实际运动中的操作水平。随着科技的不断发展，体育教材的更新也需要融入现代化的元素。例如，利用多媒体技术、虚拟现实技术等手段，更为生动、直观地展现教学内容，以提高学科体验。通过引入互动式教学，让学生更加主动参与教学，促进教学效果的提升。教材的更新也需要关注社会和文化的变迁。体育学科与社会发展和文化背景密切相关，因此，教材的更新应当反映社会变迁和文化多样性。适应不同地区、不同学生群体的需求，使得教材更具包容性和多元性。

（一）数字化和开源资源的利用

数字化和开源资源的广泛应用已经成为高校体育教育中的一项不可逆转的趋势。数字化技术的崛起和开源资源的丰富性为体育教育提供了全新的发展机遇。数字化和开源资源的利用不仅能够拓宽学科学习的渠道，而且能够提升教学的灵活性和效果，为学生创造丰富、多样的学习体验。数字化技术为高校体育教育提供了灵活的学习环境。通过数字化技术，学生可以在不同的时间和地点获取学科资源，实现学习的时间和空间的解耦。这样的灵活性不仅方便了学生的学习，也使得教育资源的利用高效。开源资源的丰富性为高校体育教育提供了多元的学科内容。开源资源的开放性和共享性使得学校能够充分利用各类开源教材、学术论文、实践案例等，丰富了学科教育的内容。这样的多元性有助于学生全面地理解学科知识，培养其综合素质。数字化和开源资源的结合也为高校体育教育提供了个性化的学习体验。通过数字化平台，教育者可以根据学生的个体差异调整学科内容，提供个性化的学习资源，满足不同学生的学科需求。这样的个性化体验有助于激发学生的学科兴趣和积极性。数字化和开源资源的利用提升了高校体育教育的实践性。通过数字化技术，学生可以参与虚拟实验、模拟运动项目等实践活动，从而深入地理解理论知识。开源资源也为学生提供了更多实际案例和实践经验，帮助他们将学科知识更好地应用到实际问题中。数字化和开源资源的应用还促使高校体育教育更好地与行业和社会实践相结合。通过数字化技术，学校可以与运动科技公司、体育产业等建立合作关系，共享实时数据、最新技术。开源资源的使用也使得学校能够更好地吸纳社会实践的经验和资源，为学生提供贴近实际的学科教育。数字化和开源资源的利用已经深刻改变了高校体育教育的面貌。

（二）教材更新的管理和评估

高校体育教育教材的管理和评估是推动体育教学水平不断提升的关键环节。有效的管理和评估体系有助于确保教材的科学性、先进性，提高学生的学科素养，推动高校体育教育的全面发展。教材管理的重要性。教材管理是体育教育质量保障的基础。合理的教材管理体系有助于确保教材内容的科学性和实用性，促使学科知识与社会需求相匹配。管理体系需要建立在对学科特点、学生需求、教学目标的深刻理解的基础上，保证教材的权威性和可操作性。教材管理需要注重更新和适应性。随着时代的发展和社会的进步，教材应当紧跟学科前沿、反映最新的研究成果。管理体系要能够及时调整和更新教材，确保其具备创新性和时效性。教材评估的重要性。教材评估是保障高校体育教育质量的重要手段。评估体系需要以科学性为导向，注重教材的学科性、实践性、适应性等多个方面。评估结果应当真实反映教材的优劣，为进一步改进提供依据。教材评估需要关注学生的学习效果。通过评估学生对教材的理解和运用情况，可以了解教材的实际效果，从而进行有针对性的调整和改进。评估还应该关注学生的兴趣和动机，以保证教材能够激发学生的学习兴趣和主动性。教材评估还需要关注师资队伍的培训和支持。确保教师对于教材的理解和运用是评估体系中不可忽视的一部分。通过对教师的培训和反馈，可以不断提升教材的实际教学效果。教材管理与评估的挑战。教材管理与评估过程中会面临多种挑战。不同高校之间教材使用的差异性较大，管理与评估需要考虑到不同高校的实际情况。教材更新和评估需要保证在学科研究的前沿，这对评估体系的科学性和专业性提出了更高要求。管理与评估的过程需要注重与实际教学相结合，确保评估结果能够对教学实践产生积极的推动作用。

第六章　高校体育教师的专业发展与培训

第一节　高校体育教师的专业发展需求

一、学科知识更新与深化的需求

高校体育教育面临学科知识更新的挑战与机遇。在知识不断涌现与社会需求日益多元化的背景下，高校体育教育需要灵活、及时地更新学科知识，以更好地适应时代变迁，培养全面的体育专业人才。随着科技的不断发展和社会的不断变革，体育领域的学科知识也在不断更新。传统的体育知识框架可能无法满足现代体育的需求，因此高校体育教育需要积极引入新的学科知识，拓宽学科领域，使之更具前瞻性和针对性。这就要求体育教育专业教师深入研究最新的科研成果，关注体育领域的前沿技术与理论，及时更新教学内容，确保学生能够接触到最新的、最有价值的学科知识。在学科知识更新的过程中，高校体育教育要与产业界保持密切联系。与体育产业的深度合作有助于将最新的行业需求和实践经验引入课堂，使学生能够更好地适应职业发展的要求。高校体育教育还需关注体育行业的新兴领域，积极吸纳相关领域的知识，使体育专业人才在未来更具竞争力。在体育教育的学科知识更新中，跨学科研究的开展是一个重要的方向。体育并非孤立的学科，而是与生物学、心理学、教育学等多个学科有着密切关联。高校体育教育需要鼓励教师开展跨学科研究，将其他学科的新知识融入体育教学，以拓宽学科的边界，提高体育专业人才的跨学科综合素养。高校体育教育还应注重国际化视野的引入。全球体育领域的发展日新月异，国际先进的理论与实践成果对于提升高校体育教育水平具有积极作用。借鉴国际先进经验，了解国际体育领域的最新动态，有助于拓宽学科的国际视野，为培养具有全球竞争力的体育专业人才提供广阔的发展空间。高校体育教育的学科知识更新是一个不断迭代的过程，需要紧跟时代潮流、与产业实践相结合。通过引入新的学科知识、与产业界深度合作、跨学科研究和国际化视野的引入，高校体育教育能够更好地满足学生需求，培养具有创新精神和全球竞争力的体育专业人才，为推动体育教育的可持续发展奠定坚实基础。高校体育教育的学科知识深化是培养学生全面素质的必然要求。学科知识的深化不仅涉及专业领域的深入探讨，更包括了学科内外的交叉融合，为学生提供更加全面、深刻的学科体验。学科知识深化需要关注专业领域的前沿问题。通过深入研究当前领域的最新进展、热点问题，帮助学生建立对于学科的深刻理解。这有助于培养学生敏锐的学科洞察力，使其能够更好地应对未来的挑战。学科知识深化还需要注重跨学科的整合。不同学科之间存在着相互关联、相互影响的关系，通过将不同学科的知识进行有机整合，能够更好地解决复杂问题。这有助于培养学生的综合能力，使其在实际问题解决中更具有竞争力。学科知识深化也包括学科内涵的拓展。除了专业领域的核心知识外，学科的周边领域也是学生了解的重要组成部分。通过扩大学科内涵，帮助学生建立更加完整的学科认知，培养跨学科思维和创新能力。学科知识深化的过程中，实践性教学也是不可或缺的一部分。通过实践性教学，学生能够将理论知识应用到实际问题中，提高解决问题的能力。实践性教学还能够培养学生的实际操作技能，为将来从事相关行业提供更好的基础。在学科知识深化的过程中，还需要关注学生的创新思维和实际问题解决能力。通过引导学生参与科研项目、实践活动，培养其独立思考和解决问题的能力。这有助于将学科知识应用到实际中，提高学生的综合素养。

（一）教学方法与创新

高校体育教育的教学方法与创新是促进学科发展和学生全面发展的关键。在当今快速变化的社会背景下，为了更好地培养学生的体育素养和综合素质，高校体育教育需要持续地探索和创新教学方法。教学方法的创新不仅仅是在课堂上进行，更应包括对课程设计、学科内容的思考。在传统的教学模式中，重视学科知识的灌输，而新的教学方法更注重学生的自主学习和实践体验。通过引入问题导向、项目式学习等教学方法，能够更好地激发学生的学习兴趣，培养他们的创新思维和实践能力。创新的教学方法还包括运用先进的教育技术。随着信息技术的迅猛发展，高校体育教育可以充分利用虚拟现实、大数据分析等技术，提供更为丰富、直观的学习体验。通过在虚拟环境中进行实践，学生可以深入地理解体育知识和技能。这种科技创新的教学方法有助于培养学生的数字素养，提高他们在信息时代的竞争力。创新的教学方法还应注重跨学科的融合。体育并非孤立的学科，而是与生物学、心理学、社会学等多个学科相交融。通过跨学科教学，可以为学生提供更为全面的知识视野，拓宽他们的学科认知。在跨学科的背景下，高校体育教育的教学方法可以更贴近实际应用，培养学生解决实际问题的能力。创新的教学方法还需要关注学生的个体差异。传统的一刀切式教学方法难以满足不同学生的不同需求。因此，采用差异化教学、个性化教育等方法，关注学生的兴趣、特长和潜能，能够更好地调动学生学习的积极性，使得体育教育真正实现因材施教。

（二）技术应用与数字化教学

高校体育教育的技术应用与数字化教学是适应时代发展的必然要求。这一变革不仅体现在教学手段的更新，更体现在提高教学效果、创造更具互动性的学习环境上。教育技术的应用使得体育教育更富有创新性。通过引入先进的教育技术工具，如虚拟现实、增强现实等，可以创造出更具沉浸感的学习环境，激发学生的学习兴趣。这有助于打破传统体育教育的单一模式，提升学生对体育学科的理解。数字化教学不仅可以丰富教学手段，还能够提高教学效果。通过在线学习平台，学生可以随时随地获取学习资源，有助于个性化学习，满足不同学生的学习需求。数字化教学还可以提供实时反馈和个性化辅导，有助于更好地解决学生在学习过程中的问题。技术应用与数字化教学还有助于拓展学科内容。通过在线教学资源，学生可以获取更广泛的学科知识，与传统教材相比，更具时效性。这有助于培养学生更全面的学科素养，使其更好地适应未来社会的发展需求。数字化教学的互动性也是其优势之一。通过在线讨论、实时互动等方式，学生能够更好地与教师和同学进行交流，促进学科知识的深入理解。这种具有互动性的教学方式有助于培养学生的团队协作能力和沟通能力。

技术应用与数字化教学还能够提高教育资源的共享和利用效率。通过建立在线平台，不同高校之间可以更好地分享教育资源，促进教学成果的共建共享，这有助于推动体育教育领域的合作和发展。

二、跨学科合作与团队协作的需求

高校体育教育的跨学科合作是推动教育创新和全面培养学生的关键因素。在当今复杂多变的社会环境中，将不同学科的知识有机整合，拓宽学科边界，有助于提高体育教育的多元性和实效性。跨学科合作强调不同学科之间的互补性与协同性。体育并非孤立的学科，而是与生物学、心理学、社会学等多个学科相互关联。通过与其他学科的深度合作，可以使得体育教育更全面地考虑到学科之间的共通点和相互关系，有助于培养学生更综合的素养。跨学科合作有助于为学生提供更为全面的学科视野。通过引入其他学科的理论和方法，高校体育教育可以更好地满足学生的学科需求。例如，结合生物学的运动生理学知识，可以深入地理解体育运动对身体的影响；结合心理学的知识，可以更好地关注运动对学生心理健康的影响。跨学科合作也有助于创新体育教育的教学方法。通过融入其他学科的先进教学理念和技术手段，可以使得体育教育更加灵活和富有创造力。例如，运用大数据分析方法来研究运动训练效果，或者结合虚拟现实技术进行体育场景的模拟，都是跨学科合作所带来的创新。跨学科合作还能够推动高校体育教育与社会实践更好地结合。通过与相关专业领域的合作，高校体育教育可以更好地了解社会对体育专业人才的需求，更好地培养适应社会发展的人才。例如，与医学专业合作，可以培养运动医学领域的专业人才；与管理学专业合作，可以培养体育产业管理方向的专业人才。跨学科合作也可能面临一些挑战，不同学科之间存在语言、理论框架等方面的差异，需要教师具备跨学科交流的能力。在合作过程中，可能出现协同效应不显著、团队协作难度较大等问题，需要建立有效的沟通和协作机制。跨学科合作是高校体育教育不可忽视的重要方向。通过与其他学科的深度合作，体育教育可以拓宽学科边界，提高教育质量，为学生提供全面、实用的知识体系。跨学科合作也是培养具备综合素养和创新能力的体育专业人才的有效途径，有助于高校体育教育更好地适应社会需求，推动学科的可持续发展。高校体育教育中的团队协作，是一种促使学生全面发展、培养团队协作能力的重要教学方式。通过体育课程，学生在团队协作中不仅能够提升自身身体素质，更能培养团队合作、沟通协调等多方面的综合能力。团队协作有助于促进学生之间的良好关系。在体育活动中，学生需要相互协作完成任务，这要求他们建立起相互信任、互相支持的关系。通过这种团队协作的过程，学生能够感受到合作的乐趣，形成积极向上的学习氛围。团队协作培养了学生的领导力和组织能力。在进行体育活动时，学生需要分工合作、组织协调，这要求他们具备一定的领导才能和组织技能。通过团队协作的训练，学生能够更好地发挥自己的优势，提高团队整体的绩效。团队协作有助于培养学生的沟通和交流能力。在团队中，学生需要通过有效的沟通来传递信息、协调行动。这要求他们具备清晰表达自己观点的能力，善于倾听他人意见。通过团队协作，学生能够提高沟通交流的水平，使团队协调高效。团队协作有助于培养学生的团队责任心。在团队协作中，每个成员的付出都会对整个团队的成绩产生影响。学生需要对团队任务负责，确保团队达成共同目标。这种责任心的培养有助于学生养成积极向上的学习态度和工作习惯。团队协作也是培养学生团队协同能力的有效途径。在团队协作中，学生需要学会与他人合作，克服个人主义，形成共同的团队意识。通过这种协同的过程，学生能够培养团队协作的能力，更好地适应未来社会的发展需求。

三、学术研究与论文发表的需求

高校体育教师的专业发展离不开学术研究与论文发表这一关键环节。学术研究是教师不断深化学科知识、拓展研究领域的重要手段。论文发表则是衡量教师学术水平和影响力的重要标志，对于提高教师在学术界的声望至关重要。在学术研究方面，高校体育教师应当注重对学科前沿问题的关注。积极参与相关学术研究项目，深入了解最新的研究动态，有助于不断提升研究的深度和广度。同时，教师需要加强与同行的学术交流，参与国际性学术会议，拓展国际化的学术视野。论文发表是衡量学术水平的重要标志之一。高校体育教师需要不断提升论文写作的能力，注重论文的创新性和学术贡献。积极申请参与国家级、省部级科研项目，通过这些项目的研究，不仅能够提高研究水平，还有助于论文的发表。对于高校体育教师而言，选择合适的学术期刊发表论文尤为关键。首先，教师应当了解各学术期刊的特点和要求，选择与自己研究方向相契合的期刊。其次，教师需要注意期刊的影响因子和学术声誉，选择高水平、高影响力的期刊发表论文，以提高自己的学术影响力。高校体育教师还需注意团队合作的重要性。通过与其他领域的专家合作，形成多学科交叉的研究团队，不仅可以拓宽研究视角，还有助于提高研究的深度。与团队成员共同发表论文，既能分享研究成果，也有助于提升团队整体的学术影响力。高校体育教师在进行学术研究与论文发表时，需要注重研究方法的选择。合理的研究设计和科学的数据分析方法是保障研究结论可信性的关键。同时，教师需关注研究伦理，确保研究过程的合法合规。对于专业发展，教师需要建立稳定的学术网络。通过与其他高校体育教师、相关研究机构和企业的联系，不仅可以获取更多的研究资源，还有助于共同开展合作研究项目，提高学术研究的实际应用性。

第二节 高校体育教师的职业发展路径

一、入门与资质获取

高校体育教育的入门与资质获取是体育专业学生在专业领域迈出的第一步。这一过程既需要学生具备相关的入门条件，也需要通过一系列的资质获取程序，确保学生在专业学科中具备必要的知识和技能。体育专业的入门要求学生具备一定的体育素质和基本的学科知识。入门前，学生通常需要通过体能测试和入学考试，以确保其具备适应专业学科学习和未来体育教育工作的基本条件。这些入门条件有助于筛选出真正热爱体育、具备一定专业基础的学生，为他们的专业学习打下坚实基础。资质获取是体育专业学生不可或缺的一环。这包括通过专业课程的学习和考核，获得相关学科知识；通过实践教学、实习等环节，培养实际操作技能；通过学术论文写作和研究项目，培养独立思考和解决问题的能力。资质获取的过程是学生逐步成长、提高专业素养的过程，对于未来从事体育教育工作至关重要。在体育专业的学习中，入门和资质获取并不是一劳永逸的过程。

随着专业的不断发展和变化，学生需要不断更新自己的入门条件，提升资质。这包括参加专业培训、学术研讨、实践实习等，以拓宽自己的专业视野、增强实际操作技能，保持对新知识的敏感性。体育专业的入门与资质获取也离不开与同行的交流与合作。学生可以通过参与学术会议、研究项目组、专业实践等方式，与同行进行深入交流，分享学科经验和专业见解，从而提高自己的专业水平。这种同行合作有助于学生不断拓展自己的学科边界，形成良好的专业氛围。

二、初级教学与实践阶段

高校体育教育中的初级教学是培养学生基础体育知识和技能的重要阶段。在这个阶段，教育者的任务是引导学生建立对体育的基本认知，培养他们的体育兴趣，同时注重技能的初步培养，为学生未来深入学习体育打下坚实基础。初级教学注重激发学生对体育的兴趣。通过生动有趣的教学方式和丰富多样的体育活动，引导学生积极参与，培养他们对体育的浓厚兴趣。这不仅能够提高学生学习体育的主动性，还有助于培养他们终身参与体育锻炼的习惯。初级教学注重基础体育知识的传授。教育者要通过简单易懂的方式向学生介绍体育的基本概念、规则和历史，帮助他们建立对体育的整体认知。这有助于学生形成对体育的基础认识，为他们深入学习提供了知识基础。初级教学还强调体育技能的初步培养。教育者应该通过系统的教学计划，逐步向学生传授基本的体育技能，例如各类运动的基本动作、姿势和规则等。这有助于学生在体育领域建立起自信心，为未来更高水平的技能学习奠定基础。初级教学要注重培养学生的团队协作精神。通过组织团体活动和合作项目，让学生在团队中学会互相协助、沟通合作。这有助于培养学生的集体观念和团队协作的意识，为他们未来的社会交往打下基础。在初级教学中，应注重学生个体差异的尊重和关爱。教育者应当关注每个学生的发展情况，因材施教，激发每个学生的潜能，培养他们独立思考和解决问题的能力。初级教学是高校体育教育中至关重要的一个环节。通过激发兴趣、传递基础知识、培养技能和团队协作，初级教学为学生在体育领域的全面发展奠定基础，为他们未来更深入的体育学习提供了必要的支持。在高校体育教育的实践阶段，学生将面临丰富多彩的专业实践活动，这是将理论知识与实际操作相结合的关键时期。实践阶段的目标是培养学生的实际运用能力，使其在未来体育教育工作中能够胜任各种任务。实践阶段的内容主要包括实习、教学实践、体育赛事组织等。通过参与实际教学过程，学生能够深入了解体育教育的实际需求，提高自己的教学技能。实践还包括参与学校体育赛事的组织与管理，锻炼学生的团队协作和组织策划能力。实践阶段的重要性在于将学生从理论课堂中解放出来，真正让他们在实际操作中学以致用。在实践中，学生能够面对各种复杂情况，培养解决问题的能力。通过参与实际的体育教学和管理，学生能够更好地理解体育学科的实质，将理论知识转化为实际能力。实践阶段还强调导师对学生的指导和监督。导师在实践中扮演着重要的角色，通过实时的指导和反馈，帮助学生更好地适应实际工作环境。导师的经验传授和专业建议有助于学生快速提高自己的实际能力，使其更好地适应未来职业要求。实践阶段也是学生拓展人际关系、建立职业联系的时机。通过参与学校体育赛事、社会体育项目等，学生能够与不同背景的人建立联系，拓展职业网络。这对于未来就业和职业发展都具有积极的影响。在实践阶段，学生还要注重反思与总结。通过对实践过程的反思，学生能够更清晰地认识到自己在实际操作中的不足之处，从而更有针对性地改进自己的实际技能。反思也有助于学生形成扎实的专业素养，不断提升自己的水平。高校体育教育的实践阶段是学生逐步转变为专业人才的关键时期。通过深入的实际操作，学生能提高自己的实际应用能力，培养解决问题的能力。导师的指导和监督是实践阶段不可或缺的一部分，通过导师的指导，学生能够更好地适应实际工作环境，快速提高自己的实际能力。

三、中级教学与课程管理

中级教学是高校体育教育中一个重要的阶段，旨在深化学生对体育学科的理解和提升其运动技能水平。在这个阶段，教育者需要更加注重培养学生的专业素养，引导他们深入地参与体育学科的学习和实践。中级教学要突出体育学科的深度学习。通过学习更加系统和专业的教学内容，引导学生深入了解体育学科的理论体系、研究方法和前沿领域。培养学生对体育学科的深刻认识，使其具备独立进行学科研究和探讨的能力。中级教学强调运动技能的进阶培养。在这个阶段，学生已经具备了一定的基本技能，教育者需要通过更高难度的运动项目和专业训练，提高学生的运动技能水平。重点关注学生的个体差异，因材施教，使每个学生都能够在运动技能上有所突破。中级教学还要注重实践与理论的结合。通过组织实际体育活动、参与比赛、进行实地考察等形式，将理论知识与实践相结合，使学生在实际操作中更好地理解和应用所学的体育理论，培养他们的实际运用能力。在中级教学中，团队协作和领导力的培养也至关重要。通过组织学生参与团体项目、担任领导角色等方式，培养学生的团队协作精神和领导潜力。这有助于学生在未来的职业生涯中更好地适应集体协作的环境。中级教学要关注学生的职业发展和创新能力培养。通过引导学生了解体育领域的职业发展方向、进行实践性的职业体验，培养他们在未来职业领域中的竞争力和创新能力。中级教学是高校体育教育中的关键阶段，需要通过深度学习、技能进阶培养、实践与理论结合、团队协作与领导力培养以及职业发展与创新能力培养等方面的全面培养，使学生在体育领域得以全面、深入发展。

高校体育教育中的课程管理是培养学生全面发展的关键环节。课程管理不仅仅是简单的学科组织，更是一项复杂而细致的工作，涉及学科设置、教学目标的确定、教材选择、评估体系的构建等多方面内容。在体育课程的管理中，首要任务是明确课程目标。课程目标的明确性直接关系到学生的学习效果。通过对体育教育专业领域的深入研究，明确课程目标，有助于提高学生的专业素养，使他们能够更好地适应未来的职业需求。课程管理还需要精心设计课程。体育课程的设计应当符合学科特点，使得各个环节相互贯通、有机衔接。合理的课程能够有助于提高学生的学科理解能力和实际运用能力，使其能够在未来体育教育领域中游刃有余。教材的选择也是课程管理的重要方面。体育教育领域涵盖众多学科，因此，选择合适的教材对于提高教学质量至关重要。教材应当贴合课程目标，符合学科前沿，以促进学生对体育学科的全面理解。评估体系的建设是课程管理中的一项重要任务。通过建立科学的评估体系，可以全面了解学生在体育课程学习中的表现。评估不仅包括知识的掌握，还包括实践技能的运用和创新思维的培养。科学的评估体系有助于促使学生在学科中全面发展，提高其综合素质。体育课程的管理还需要注重师资队伍的建设。优秀的师资队伍是保障高质量体育教育的基础。

通过培养教师的专业素养，提高其教学水平，能够更好地推动体育课程的管理工作。在课程管理中，学生的参与和反馈也是至关重要的。通过了解学生的实际需求和学科兴趣，可以更好地调整课程设置，提高学生的学科参与度。学生的反馈也有助于优化课程管理，及时解决问题，提高课程的实际效果。

四、高级教学与专业发展

高级教学是高校体育教育中的重要阶段，旨在进一步提升学生的专业素养和领导力，使其成为体育领域的优秀人才。在这一阶段，教育者须注重培养学生的创新能力、综合运用知识的能力以及领导与管理的潜力。高级教学要求学生在体育学科方面取得深入的研究成果。通过开设更为专业深化的课程，引导学生深入研究体育学科的前沿理论、研究方法和领域发展趋势。培养学生对体育学科的创新思维和深刻理解，使其能够在该领域中做出独特贡献。高级教学须注重培养学生的领导与管理能力。通过实践性的项目、团队协作、领导力训练等方式，激发学生的领导潜力。强调学生在体育团队、组织或社群中的积极领导作用，培养其在团队协作中的领导技能。高级教学要求学生在运动技能方面达到更高水平。通过精细化的技能训练和专业领域的实践活动，提高学生在某一特定领域的专业运动技能水平。鼓励学生参与高水平竞技、专业比赛，以检验和提高其在特定领域的运动技能。高级教学要关注学生的创新能力培养。通过开展创业项目、科研实践、创新比赛等活动，培养学生的独立思考和创新能力。强调学生在体育领域中解决实际问题的能力，鼓励他们提出新颖的理念和方案。高级教学还要关注学生的综合素养培养。通过提供丰富的实践机会，使学生能够将所学的理论知识与实际运用相结合，培养其解决实际问题的综合能力。鼓励学生参与社会服务、公益活动，拓展其社会责任感和公共服务意识。高级教学是高校体育教育的高阶阶段，要求学生在体育学科研究、领导与管理、运动技能、创新能力和综合素养等方面达到更高水平。通过深度学习、实践锻炼、领导力培养和创新实践等多维度的全面培养，使学生在体育领域更具有竞争力和领导力。高校体育教育的专业发展是体育教育事业不断深入的关键环节。专业发展不仅涉及个体教师的职业成长，更体现了整个体育教育领域的变革和提升。在体育教育的专业发展中，教师是最为关键的一环。教师的专业发展不仅仅包括学科知识的不断深化，还包括教学方法的创新、实践经验的积累以及学科领域的研究。通过不断追求专业知识的前沿，教师能够提高自己的学科素养，更好地为学生提供优质的教育服务。专业发展还需要注重实践经验的积累。教师通过参与实际教学、体育赛事组织等实践活动，能够深入地理解体育教育的实际需求，提升自己的实际操作能力。实践经验的积累有助于教师更好地运用理论知识解决实际问题，为学生提供更富有启发性的教育。专业发展还需关注教育科研的深入。通过参与学科研究项目、发表学术论文等方式，教师能够不断推动学科的发展，为体育教育领域的专业知识积累作出贡献。科研的深入有助于形成学科的理论体系，为学科领域的教育实践提供更为科学的指导。专业发展还需要教师关注国际化趋势。通过学习国际先进经验、参与国际学术交流等方式，教师能够更好地拓展自己的学科视野，引进国际先进教育理念，提高教育水平。国际化的专业发展有助于推动整个体育教育领域的国际化进程。除了教师的专业发展，体育教育领域的整体发展也是关键所在。学科的不断完善、教育体制的创新、教育技术的应用等方面的发展，都将影响整个体育教育领域的专业水平。体育教育领域的专业发展需要不断适应社会的变革，结合现代科技手段，推动体育教育的创新与升级。

五、行政管理与领导角色

高校体育教育中，行政管理与领导角色是确保教育机构正常运行、推动教育事业发展的重要组成部分。行政管理者在体育教育领域扮演着组织、协调和监督的角色，而领导者则需要在愿景制定和激励激发等方面发挥关键作用。在行政管理层面，首要任务是确保体育教育机构的日常运行顺畅。行政管理者需要建立健全的制度和流程，规范教育活动的组织和实施。他们负责人力资源的配置，确保合适的教师队伍，为学生提供良好的学习环境。行政管理者还需要负责资源的分配，确保体育设施和教学设备的充分利用。在行政管理的过程中，行政管理者还需注重协调各个层面的关系。他们需要与教师、学生、家长和其他行政人员建立有效的沟通机制，解决可能出现的问题，促进团队协作。行政管理者还要与上级领导、政府部门等外部机构进行有效的合作，获取更多支持和资源。而在领导角色方面，领导者则需要制定明确的愿景和发展战略。他们要为体育教育机构设定长远目标，激励团队成员共同努力。领导者的领导力表现在对未来趋势的把握和对挑战的有效应对。他们需要紧密关注教育领域的最新动态，引领机构适应社会、科技和文化的变革。领导者还需着眼于教育质量的提升。他们要关注教育过程中的创新，推动课程改革，引导学科建设。通过激励教师的专业发展和研究，领导者可以提高整个团队的学科水平。领导者还需要关注学生的全面发展，促使体育教育更好地为学生未来的职业和社会生活做好准备。在领导的过程中，领导者还需注重团队建设。培养团队成员的团队协作和沟通能力，创造积极向上的工作氛围，激发团队成员的工作热情和创造力。领导者要成为榜样，以自己的行为和领导风格引导团队成员朝着共同的目标努力。

六、终身学习与行业影响

高校体育教育需要适应终身学习的理念以及行业影响的不断演变。终身学习已经成为体育教育领域中不可忽视的趋势，而行业的影响力也在不断塑造体育教育的未来方向。终身学习意味着教师需要不断更新自己的知识体系，不仅要关注学科领域的新发展，还要了解教育技术的最新应用、教学方法的创新以及学科研究的最新成果。教师需要通过积极参与各种专业培训、学术研讨和实践活动，不断拓展自己的学科边界，以提供更丰富、更前沿的教育内容。行业影响力的不断演变要求体育教育更加灵活地适应社会的变革。体育教育领域受到社会、经济、文化等多方面的影响，随着这些因素的不断变化，体育教育也需要及时调整自己的发展方向。例如，社会对健康生活的关注度提高，可能引发对体育教育领域更多关于健康、运动科学的需求，教育机构需要更灵活地调整教学内容和方法，以满足社会的需求。行业影响力还体现在对学生就业的影响上。随着社会对综合素质的要求越来越高，体育教育也需要更多地培养学生的综合素养，使其在竞争激烈的就业市场中脱颖而出。这就要求体育教育更注重培养学生的实际操作技能、团队协作能力和创新思维，以适应社会对专业人才的新要求。在终身学习与行业影响的交织中，体育教育需要建立更加灵活和包容的教育体系。学科知识的更新不仅仅是学科领域的变化，还需要结合社会、经济等多方面的实际情况，灵活调整教学内容，以更好地服务学生的终身学习需求。体育教育也需要紧密关注行业动态，灵活调整教学方向，为学生提供更具就业竞争力的专业知识和技能。

第三节　高校体育教师的培训与认证

一、高校体育教师的培训

（一）培训需求分析与规划

培训需求分析与规划是高校体育教师教育中的重要环节，它直接影响到教育质量和师资队伍的发展。需求分析是为了了解教师在专业知识、教学技能、教育理念等方面存在的不足，规划则是为了有针对性地提供培训和支持，促进教师的专业发展。在进行培训需求分析时，首先需要对体育教育领域的教学现状进行全面深入的调研。通过实地观察、问卷调查、教学评估等方式，了解教师在课堂教学、学科知识更新、学科整合等方面存在的问题和挑战。要关注教师对新教育理念、新教育技术的认识和应用情况。需求分析还应该聚焦于教师的个体差异。不同年龄段、教学经验、学科背景的教师在培训需求上可能存在差异。通过与教师个体沟通，听取他们的建议和反馈，更好地了解不同教师的培训需求。除了关注教学方面的需求，还要考虑教师的职业发展需求。体育教师在教育理念、教学方法、学科发展等方面都需要不断提升，因此需求分析还应关注他们在这些方面的需求，以更好地推动他们的职业发展。基于需求分析的结果，制订合理的培训规划是至关重要的。规划应该紧密贴合教师的实际需求，注重因材施教，灵活运用不同的培训方式。可以通过举办专业讲座、研讨会、教学示范等多种形式的培训活动，提供有针对性的课程。可以借助现代科技手段，开发在线学习平台，提供随时随地的学习资源，方便教师进行自主学习。培训规划还需要注重长远发展。通过设立培训计划，明确不同阶段的培训目标和重点，帮助教师建立起全面的职业发展路径。规划中应包含有效的评估机制，以便及时了解培训效果，进一步调整和改进培训计划。

（二）基础教学技能培训

高校体育教育的教师需要接受基础教学技能的培训，以适应现代教育的多元需求。这种培训旨在提升教师的专业素养，使其更好地履行教育使命。培训应注重理论与实践相结合。教师需要深入理解体育教育的理论体系，同时也要具备灵活应用这些理论的实践技能。培训内容应当贴近实际教学场景，帮助教师更好地将理论知识转化为实际操作能力，使其在实际教学过程中游刃有余。培训需要关注现代教育技术的应用。随着科技的不断发展，教育技术在体育教育中的应用更发重要。培训应当注重教师对现代教育技术的熟练掌握，包括在线教学工具、虚拟实验平台等的运用，以提高教学效果，更好地满足学生的学习需求。培训需要关注学科知识的更新。体育教育领域的知识在不断演变，教师需要时刻保持对学科前沿的敏感性，了解最新的研究成果和教学方法。培训应当促使教师不断深入学科领域，保持对学科知识的持续关注。培训还应强调团队协作和沟通技巧，教师在实际工作中往往需要与同事、学生、家长等多方面进行交流。培训应当帮助教师提高团队协作和沟通的能力，使其更好地与他人合作，促进教育事业的共同发展。培训还需注重教师的心理健康和情感管理。教育工作中常常面临各种挑战和压力，培训应当帮助教师建立积极的心态，提高应对压力的能力，使其更好地面对教育工作中的各种情境。

（三）教育技术与创新培训

教育技术在高校体育教师教育中扮演着至关重要的角色。它不仅为体育教育提供了新的教学手段和方法，也为教师的专业发展和学生的学习创造了更为广阔的空间。教育技术为高校体育教师提供了丰富多彩的教学工具。通过使用多媒体、互动课件、虚拟实验室等先进的技术工具，教师能够生动地呈现教学内容，激发学生的学习兴趣。这种互动性和图像化的呈现方式有助于加深学生对体育知识的理解。教育技术为高校体育教师提供了个性化教学的可能性。通过在线学习平台、教育应用软件等工具，教师可以更好地满足不同学生的学习需求。个性化教学可以更好地促进学生的自主学习和能动性，培养他们独立思考和解决问题的能力。教育技术为高校体育教师提供了便捷的专业发展途径。通过参与在线研讨会、专业社交平台、数字化教学资源的分享等方式，教师可以及时了解行业最新动态，拓展教学视野，提高教育教学水平。这种数字化的学术社区有助于促进教师之间的合作与交流，推动学科知识的共享。教育技术为高校体育教育提供了数据分析和评估的强大工具。通过学习分析系统，教师可以更全面地了解学生的学习情况，发现问题并提供个性化的辅导。教育技术还能帮助教师对自己的教学进行评估，不断优化教学方法和内容。教育技术在高校体育教师教育中发挥着积极的作用。它不仅为教师提供了创新的教学手段，也为个性化教学、专业发展以及数据分析与评估提供了有力的支持。在数字化时代，充分利用教育技术，将有助于提升高校体育教师的教学水平，推动体育教育的不断发展。高校体育教育的教师创新培训是适应时代需求和提高教育质量的关键一环。创新培训旨在激发教师的创造力和实践能力，使其更具有适应性和领导力。创新培训应强调跨学科合作。体育教育不再仅仅关注体育专业知识，还需要整合跨学科的知识，与其他领域相互交叉，形成更为全面的教育视野。创新培训应当鼓励教师参与多学科的合作，促使他们更好地理解和整合不同领域的知识，以提升教育质量。创新培训需要注重实践操作的培养。理论知识的学习只是培训的第一步，创新培训应当引导教师将理论知识转化为实际教学行为。通过实际操作，教师能够更好地理解和应用新的教学理念和方法，提高实际教学效果。创新培训应注重教师的教学设计能力。教育不再是单一的知识传授，而是更强调培养学生的综合素质。创新培训应当着力培养教师的教学设计能力，使其能够更好地根据学生的需求和学科特点设计灵活多样的教学内容，激发学生的学习兴趣。创新培训还需关注教师的终身学习意识。教育领域的知识和技术在不断发展，创新培训应当引导教师不仅仅在培训期间学习，更要建立终身学习的习惯，使他们能够保持对新知识的持续关注，适应社会的发展需求。创新培训还应当注重团队建设。团队合作是创新的重要驱动力，创新培训应当鼓励教师参与团队合作，共同分享经验和教学创新的成果。团队合作有助于形成更为丰富多样的教学方法，提高整体教育质量。

（四）课程开发与评估培训

高校体育教育的教师需要接受课程开发与评估培训，以提升课程质量，满足学生的学习需求。这种培训旨在引导教师深入了解课程设计的原理和方法，并通过评估来不断改进教学效果。培训应注重理论与实践相结合。课程开发涉及丰富的教育理论和实际操作技能，教师需要深刻理解课程设计的基本原则，同时能够将这些理论知识应用到实际的教学场景中。培训应当通过实际案例、教学实践等方式，使教师既能理解课程设计的理论框架，又能熟练应用于实际教学中。培训需要关注跨学科合作。现代教育注重综合素质的培养，跨学科合作是实现这一目标的有效途径。教师在课程开发中应当学会整合不同学科的知识，使学生能够在跨学科的环境中获得更全面的教育。培训应当引导教师与其他学科领域的专业人员合作，形成跨学科的课程设计团队。培训需要强调灵活性与创新性。课程开发不应是一成不变的，而应当具有灵活性和创新性。培训应当鼓励教师灵活运用各种教学方法和教材，根据学生的特点和学科的发展趋势，灵活调整课程内容。培训还应激发教师的创新意识，鼓励他们尝试新的教学理念和方法。培训还需关注评估方法的培养。评估是课程开发的重要环节，它有助于检验课程目标的实现程度，发现教学中存在的问题，并提出改进建议。培训应当教导教师采取多样化的评估方法，使他们能够全面地了解学生的学习状况，为调整教学策略提供有力的支持。培训还应强调团队合作与反思。课程开发是一个复杂的过程，需要多方面的协同努力。培训应当鼓励教师与同事、学生、行业专业人士等多方面进行合作，形成一个有机的团队。培训还应促使教师在课程开发和评估的过程中不断反思，总结经验，不断改进，以提高教学质量。

（五）专业发展与研究培训

高校体育教师的专业发展与研究培训是推动体育教育不断进步的重要保障。这一过程涉及个体教师的专业素养提升、学科研究水平提高以及教学方法创新等多个方面。专业发展是高校体育教师的迫切需求。在不断变革的社会背景下，体育教育领域的知识、理论和技术都在不断更新，要求教师具备持续学习和适应新需求的能力。专业发展包括但不限于参与专业培训、进修学习、学术研究等，通过这些方式，教师可以不断提高自身的专业水平，更好地服务学生。研究培训是促进高校体育教师学科研究水平提高的关键。通过参与学术研讨会、课题研究、科研项目等研究培训活动，教师能够深入了解学科前沿动态，与同行进行深入的学术交流，拓展研究思路，提高研究水平。这不仅有助于拓展学科视野的深度和广度，还能够推动学科的不断发展。专业发展与研究培训有助于激发高校体育教师的创新能力。通过参与创新性的研究项目、探索新的教学方法和手段，教师可以在实践中不断积累经验，形成独特的教学风格。专业发展与研究培训为教师提供了展示个人创新成果的机会，激发其更大的教育热情。高校体育教师的专业发展与研究培训是体育教育不断提高质量的关键因素。

二、高校体育教师的认证

（一）专业认证标准

高校体育教师专业认证标准涉及多方面的评估因素，主要着眼于保证教师具备充分的学科知识、卓越的教学能力以及对学生全面发展的关注。首先，教师的学历背景是认证的基础之一，应当具备相关领域的硕士及以上学位，确保其在学科知识上有扎实的基础。其次，专业知识与技能方面，认证标准应涵盖对教师运动科学理论知识的全面测试，并对其体育教学方法的评估，以确保其在学科教学方面具备深厚的专业能力。学术研究与发表方面也是专业认证的重要考量。教师应当在国内外知名期刊上发表具有一定水平和质量的学术论文，以证明其在学科领域的研究水平和影响力。在认证中，还需要关注团队合作的能力，通过与其他领域的专家合作，形成多学科交叉的研究团队，提高研究的深度。学术认证的标准应当既关注教师在学术研究方面的个体贡献，也要考虑其团队协作和合作的实际效果。而在教育服务认证方面，学科教育实践是一个关键领域。认证应当通过实地观察、学科教学案例等方式，全面评估教师的实践能力，确保其在体育课程的设计与实施、学科知识的传授等方面具备扎实的教学能力。

此外，教育服务认证还应关注教师在学生关怀与辅导方面的表现，教师需具备为学生提供全面发展的能力，关注学生的身心健康，积极参与学生的学业规划与职业发展指导。社会服务与团队合作也是教育服务认证的一项关键内容，教师应当积极参与社会体育项目、学科团队建设等活动，为社会和学科发展做出贡献。

（二）认证流程与维持

高校体育教师教育的认证流程及其维持是确保教育质量和促进教育改革的重要保障。认证流程旨在评估教育机构和教师的教育质量，而维持认证要求持续不断地提高教学水平，以适应社会变革和学科发展的需要。认证流程通常包括对高校体育教师资格、教育资源、教学环境等方面的全面评估。这涉及对教师的专业背景、教学经验、科研水平等方面的考核，同时也需要审查教育机构的教学设施、课程设置、学科建设等方面的情况。认证机构会根据一系列的标准和指标，对高校体育教育进行综合评估。认证流程还要求高校体育教育保持对最新学科发展和社会需求的敏感性。这要求教师及时更新课程内容，关注学科前沿动态，积极参与学科研究。教育机构也需要持续改进教学设施，保证教学环境的适应性和先进性。维持认证还需要高校体育教育适应社会多元化的需求。在教学内容、教学方法和教学资源等方面，需要满足不同学生的个性化需求。这就需要教师具备多元化的教学技能，能够灵活运用不同的教学手段，促进学生全面发展。维持认证还包括对高校体育教育的质量保障体系的不断完善。建立科学的教学评估机制，采用学生评价、同行评价等多角度的评价方法，促使教师在教学中不断改进和提高。

第四节　高校体育教师的继续教育与研究

一、高校体育教师的继续教育

（一）继续教育的理论基础

高校体育教师继续教育的理论基础扎根于教育学、心理学和成人学习理论等多个领域。理解和应用这些理论对于推动教师专业发展至关重要。教育学理论为高校体育教育的教师继续教育提供了指导。其中，教育目标理论强调明确的学习目标对于提高教育效果至关重要。教师继续教育需要确立明确的发展目标，以指导其学习和实践。教育学中的教学方法论和教学策略也为继续教育提供了实际操作的指导，帮助教师更好地组织和展开自己的学习过程。心理学理论为教师继续教育提供了对学习和发展的深刻理解。认知心理学理论强调学习者的主动参与和知觉过程在学习中的关键作用。在教师继续教育中，理解教师作为学习者的认知过程、思维方式以及对信息的处理方式，有助于为教学设计和发展提供更加有效的支持。成人学习理论是教师继续教育的基石之一。成人学习者通常具有自主性、经验性、目标导向性和实际问题导向性等特点。教师继续教育需要建立在了解和尊重成人学习者这些特点的基础上，提供贴近实际需求和经验的学习内容和方式。社会文化理论也为高校体育教育的教师继续教育提供了重要的参考。理解教育活动是社会和文化背景中嵌套的，有助于更好地理解教育实践的复杂性。在继续教育过程中，教师需要关注社会文化背景对于体育教育的影响，以更好地适应社会的变革和满足学生的多元需求。组织发展理论为高校体育教育的教师继续教育提供了制度性的支持。理解学校和组织的发展过程、文化和政策，有助于教师更好地融入组织，获取更多的资源和支持，推动个体和组织共同发展。

（二）专业发展计划与目标设定

高校体育教师教育的专业发展计划与目标设定是保障教育质量和促进教师个体成长的关键环节。这涉及教育机构对于教师个体和整体的发展规划，同时要教师对自身发展方向和目标的明确设定。专业发展计划需要考虑到体育教师的专业特点和社会需求。在不同的时期和社会背景下，体育教育的发展方向可能有所不同。因此，教育机构需要对体育教师的发展进行前瞻性的规划，使其在专业知识、教学技能、科研水平等方面保持与时俱进。专业发展计划还需要注重体育教师个体的差异性和多样性。不同教师在教学风格、研究兴趣、职业追求等方面存在一定差异，专业发展计划应当充分考虑这些差异，为教师提供个性化的发展支持。这包括制定个性化的发展目标，提供相应的培训和资源支持，使每位教师能够在专业领域中找到适合自己的发展路径。专业发展计划需要注重全员参与，形成共建共享的发展氛围。通过建立良好的教师团队，促进教师之间的交流与合作，共同推动专业发展计划的实施。教育机构可以组织定期的专业研讨会、交流活动，鼓励教师分享经验、互相启发，形成共同进步的良好局面。在目标设定方面，教师需要根据自身的兴趣和职业规划明确个人发展目标。这可能涉及提高教学水平、深化学科研究、参与教育管理等方面。目标的设定需要既符合教育机构的整体发展方向，又能够激发教师的工作激情，实现个体和集体的双赢。

（三）学术研究方法与实践

高校体育教育的教师在学术研究方面，需运用科学而系统的研究方法与实践。学术研究旨在深入了解教育现象、提升教育质量，因此，研究方法的选择与实践的执行至关重要。定量研究方法在高校体育教育中具有重要作用。通过量化收集和分析数据，教师可以得出客观的结论，帮助他们更好地理解学生的学习状况、评估教学效果。定量研究方法能够提供具体的数据支持，为决策和政策的制定提供科学依据。定性研究方法也是高校体育教育研究中不可或缺的一部分。通过深入的访谈、观察和文本分析等手段，教师可以深刻地理解学生的需求、教学过程中的挑战以及社会文化对于体育教育的影响。定性研究方法强调深度和质量，有助于揭示教育现象的本质和内在机制。实践是学术研究的基石，高校体育教育的教师需要将研究与实践紧密结合。通过实地观察和实践中的反思，教师能够深刻理解理论知识在实际教学中的应用，从而不断改进自己的教学方法。实践的经验反馈也为教育研究提供了宝贵的实证材料。行动研究是高校体育教育中常见的研究方法之一。它强调教师在实践中主动参与、反思并不断改进教学。通过行动研究，教师可以迅速调整教学策略，解决实际问题，提高教学质量。行动研究是理论与实践相结合的重要途径，有助于构建具有创新性和实效性的教育实践。国际比较研究是一种有益的研究方法，通过比较不同国家或地区的体育教育模式、教学方法和学生表现，教师可以获得更广泛的视角，了解国际上的先进经验，为提升自身教学水平提供启示。

（四）学术出版与知识传播

学术出版与知识传播是高校体育教育工作者展示研究成果、推动学科发展的关键途径。通过学术出版，教师得以将深入研究的成果呈现于同仁、学生及全球学术社群之前。这种知识的传递不仅仅是关于数据和发现的展示，更是一种对于学科深度和广度的不断拓展。学术出版的力量在于其能够唤起更广泛的对话，引发群体对体育教育领域热点问题的深入思考。学术出版不仅仅是将研究成果写成文字，更是一种思想的碰撞和共鸣。通过论文发表，体育教育工作者有机会分享自己的独特观点，探讨对学科的理解和对教学实践的创新。这种开放的交流不仅有助于学术界对于体育教育领域的认知，也为未来的研究提供了丰富的资源和启示。知识传播在体育教育领域的重要性不可忽视。体育教育工作者通过将研究成果传播给学生，为其提供前沿的学科知识，激发其学科热情。这种传播是一种思想的播种，是对知识的传承和发扬。在教学过程中，体育教育工作者能够以生动的实例和新颖的观点激发学生的思考，促使他们对学科有更为深刻的理解。知识传播也是高校体育教育工作者与社会互动的桥梁。通过将研究成果推向社会，教师能够更好地回应社会需求，提供实用、符合实际的体育教育方案。知识传播使得体育教育工作者的研究成果不再局限于学术圈，而是真正融入社会实践，为广大社会提供有益的启示。在传播知识的过程中，体育教育工作者还能够促使学科的跨界融合。通过与其他学科领域的专家进行合作，共同探讨跨学科问题，体育教育工作者能够更全面地认识学科的复杂性，为学科的综合发展贡献力量。这种跨界的知识传播促进了学科的繁荣和创新。

（五）学术社群与跨学科合作

学术社群与跨学科合作在高校体育教师教育中具有重要意义。构建学术社群是为了实现共同的学术目标，促进教育领域内的知识交流与合作，而跨学科合作是为了应对日益复杂的社会需求，融汇不同学科的优势，提供全面的解决方案。学术社群的建设有助于形成学科共同体。在学术社群中，教师可以与同行共同讨论研究问题、分享经验、开展合作研究。这种协同合作的氛围促进了学科内的知识传递和共同进步，使体育教育领域形成紧密的学术共同体。跨学科合作是应对复杂问题的有效策略。体育教育不仅仅受限于体育学科，还涉及心理学、医学、社会学等多个学科。通过与其他学科的专家合作，体育教育可以更好地理解和解决涉及多个领域的复杂问题。这种跨学科的合作有助于提升教育方案的综合性和实用性，更好地满足社会对于综合素质的需求。学术社群与跨学科合作的结合，能够为高校体育教师提供更为广泛的学术资源和支持。在学术社群中，教师可以与其他领域的学者互动，获取更多的知识和启示。跨学科合作则能够拓展研究的广度和深度，促使教育领域更好地适应社会变革的需要。

二、高校体育教师的具体研究内容

（一）学术研究方向的选择与拓展

高校体育教师在学术研究方向的选择与拓展是其职业生涯中的关键一环。对于这一过程，首先，教师应当审慎思考当前学科发展的趋势，深入剖析学术界的研究热点。了解学科的前沿问题，对于确定个人的研究方向至关重要。其次，教师需要从自身兴趣和专业背景出发，选择与个人经验和能力相匹配的研究方向，以确保在研究中能够发挥自己的优势。这一过程需要教师认真思考自己的学科背景、专业技能和研究经验，形成清晰的研究定位。在选择研究方向时，教师还应该关注社会需求和实际问题。体育教育不仅仅是学术领域的问题，更是与社会密切相关的实际问题。因此，教师在选择研究方向时，可以考虑选择与社会体育发展、健康促进等方面相关的问题，将研究成果更好地服务社会。这不仅有助于提高研究的实际应用性，也能为学科的发展贡献力量。拓展研究方向是教师在学术研究中迈出的又一步。在拓展研究方向时，教师可以通过与其他学科领域的专家进行合作，形成多学科交叉的研究团队。这有助于拓宽研究视角，将体育教育与其他学科结合，提高研究的综合性。同时，教师可以通过参与国内外学术研讨会、专业培训课程等方式，了解其他学科的研究动态，激发自己对新领域的兴趣。在学术研究方向的选择与拓展中，教师还需注重实践经验的积累。将理论研究与实际应用相结合，通过参与社会体育项目、运动健康促进等实际活动，能够使研究更贴近社会需求，更符合实际情境。实践经验的积累既能够为教师的研究提供更丰富的案例和实例，也能够促进理论研究更好地指导实际教育工作。

（二）研究方法的不断创新与应用

在高校体育教师的研究中，研究方法的不断创新与应用是促使学科不断发展的关键因素之一。在进行研究时，教师需要不断关注并运用新兴的研究方法，以适应学科发展的需要。研究方法的创新涉及理论的不断拓展和实践的不断尝试。研究方法的创新需要关注定量和定性方法的综合运用。传统的研究方法往往偏向于定量研究或定性研究，而现代学科的发展更加强调两者的综合运用。教师在研究中应当注重定量数据的收集和分析，同时结合定性方法深入挖掘研究对象的内在动机和态度。这种综合运用有助于提高研究的全面性和深度。运用先进的技术手段是研究方法创新的重要方向之一。在当今信息时代，先进的技术手段为研究提供了更为便捷和准确的数据收集和处理途径。体育教育领域可以运用运动传感技术、虚拟现实等先进技术，对运动过程进行精准记录和模拟分析，从而深入地了解运动的本质和学科的内在规律。实验研究方法的应用也是研究方法创新的一个重要方向。通过设计和实施实验，教师可以更好地控制变量，验证假设，提高研究的科学性和可信度。实验研究方法在体育教育领域的运用，不仅可以在实践中检验理论，还能够为实际教学和训练提供有效的指导。案例研究方法也是研究方法创新的一种形式。通过深入挖掘具体的个案，教师可以更好地理解特定情境下的问题和现象。案例研究方法有助于将理论与实际情境相结合，为体育教育领域提供具体而有针对性的解决方案。在研究方法的创新与应用中，教师还需关注跨学科研究的可能性。与其他学科领域的专家合作，将体育教育与心理学、医学等学科相融合，有助于拓展研究的深度和广度。

第七章　高校体育教学的挑战与改革

第一节　高校体育教学的发展现状

一、高校体育教学内容与方法的问题

（一）课程设置的单一性

高校体育教学课程设置单一且不分段，对学生的身心发展产生负面影响。过于集中的体育内容使学生难以获得全面的体育锻炼，导致身体素质的不平衡发展。在这种单一性的教学环境下，学生缺乏足够的机会去接触和掌握多样化的运动技能，限制了他们在体育领域的全面发展。单一性的体育课程设置还容易导致学生对体育活动失去兴趣。由于缺乏多样性，学生可能感到枯燥乏味，对体育课产生抵触情绪。这不仅影响了他们参与体育活动的积极性，还可能使体育成为学生弃学的因素之一。长此以往，这种体育课程的单一性势必影响学生对健康生活方式的形成，从而对整体社会的身体素质水平产生负面的长远影响。在教育目标上，单一性的体育课程设置无法满足不同学生的个性化需求。每位学生的兴趣、体质和运动能力都存在差异，但单一性的体育教学却无法有效地满足这些多样性。这种情况下，学生难以找到适合自己的运动方向，使得体育教育无法在个体差异中发挥其应有的教育效果。单一性的体育课程设置也容易造成教师的教学困扰。教师难以灵活应对不同学生的需求，无法有效地激发学生的学习兴趣和积极性。在这种环境下，教学可能陷入僵化和单调，无法达到理想的教育效果。这对教师的教育水平和专业素养提出了更高的要求，而现实中往往难以满足这一需求。高校体育教学课程设置应该注重多样性，为学生提供广泛、丰富的运动体验。通

过多元化的体育内容，学生可以全面发展各方面的体能和技能，培养出全面的体育素养。这不仅有助于提高学生的身体素质，还可以激发他们对体育的兴趣，形成健康的生活方式。

（二）教学方法的创新不足

高校体育教学长期以来缺乏创新，教学方法陷入传统僵化的困境。传统的教学方式注重于死记硬背和机械性的训练，忽略了学生的个性差异和学科的多样性。这种陈旧的教学方法导致学生对体育课程的兴趣越来越低，难以激发他们的学习动力。此外，过于刻板的教学方式也影响了学生的创造力和思维发展。在体育教学中，缺乏足够的互动和参与，学生往往沦为被动的接受者。教师主导的教学模式限制了学生的自主性和创造性。这种单向传递的教学方式使得学生缺乏对体育活动的深刻理解和主动参与的意愿。学生在被动学习的环境中难以培养独立思考和解决问题的能力，对于体育知识的消化和运用也存在一定的困难。教学中普遍存在的问题是缺乏实践性和应用性。过于理论化的体育教育使得学生难以将所学知识转化为实际运动技能。在这种教学环境下，学生对体育的兴趣和理解往往停留在表面层次，难以深入体悟体育运动的精髓。缺乏实践性的教学方法使得学生无法真正体验到体育活动的乐趣和意义，从而难以形成持久的兴趣和积极的态度。教学方法的创新不足还表现在对多元化学生需求的忽视。学生的兴趣、体质、学科背景千差万别，然而传统的教学方法往往采用一刀切的模式，无法满足不同学生的个性化需求。缺乏针对性的教学策略使得一些学生在体育学科中感到困扰和失落，从而影响到整体的学科教育效果。面对这一现状，高校体育教学亟需进行方法的创新。教学应该更加注重学生的参与性和实践性，通过激发学生的主动性和创造性，培养其独立思考和问题解决的能力。教师应该更多地充当引导者的角色，与学生进行平等的互动，促使学生在体育教育中获得更为全面和深刻的体验。在教学方法上，应该强调实践性和应用性，使得学生能够将理论知识灵活运用到实际体育运动中。通过实际操作，学生能够深入地理解体育活动的内涵和意义，形成对体育的积极态度和深刻理解。针对学生多元化的需求，教学方法应该更加差异化，注重个性化的指导。通过充分了解学生的兴趣和特长，教师可以有针对性地设计教学内容和活动，使得每位学生都能够在体育学科中找到自己的乐趣和发展方向。这样的差异化教学不仅能够满足学生的个性需求，还够提高整体教学效果。

（三）对学生个体差异的不充分关注

高校体育教育在面对学生的个体差异时存在明显的关注度不足。在过去的教学中，对学生的差异性往往没有得到足够的重视和关注。学生个体差异主要包括兴趣、体质、学科背景等方面，而这些差异性在体育教育中常常被忽略，导致一些学生在体育学科中感到无措和失落。在兴趣方面，学生的个体差异在体育领域表现得尤为明显。一些学生对特定运动项目可能表现出浓厚的兴趣，而对其他项目可能毫无兴趣。然而，目前的体育教育往往采用一刀切的教学模式，忽视了学生个体兴趣的多样性。这种忽视导致了一些学生在体育活动中失去了参与的动力，甚至对整个体育学科产生了排斥情绪。在体质方面，学生的差异也应该得到更为充分的考虑。每个学生的体质状况不同，有的体格强健，适合进行激烈的体育运动，而有的可能体弱多病，需要更为温和的运动方式。

然而，现行的体育教育模式往往没有针对不同学生的体质状况制定差异化的教学方案，使得一些学生在体育锻炼中感到吃力和不适应，影响了他们对体育的积极性和主动性。学生在学科背景上也存在较大的差异，而目前的体育教育常常忽视了这一点。有的学生可能对体育科学领域有浓厚的兴趣和专业知识，而有的学生可能对此一窍不通。然而，传统的体育教育模式没有很好地结合学科知识与实际体育运动，使得学生对体育科学的理解和应用能力相对薄弱。在教学方法上，对学生个体差异的关注不足也是一个明显的问题。现行的教学往往采用集体授课的方式，对于学生个体的差异性很难进行细致入微的关注。一些学生可能需要更为个性化的指导，而教师在传统教学中难以做到有效的个别辅导。这使得一些学生在体育学科的学习过程中难以发挥出个体潜力，影响了他们在体育领域的全面发展。高校体育教育需要更加关注学生的个体差异，制定差异化的教学方案。在兴趣方面，可以通过灵活多样的教学内容和运动项目，激发学生的独特兴趣。在体质方面，可以根据学生的体能水平，设计难度合适的运动项目，使得每位学生都能够在锻炼中找到适合自己的节奏。在学科背景方面，可以将体育科学知识融入体育实践，使得学生能够更好地理解和应用所学知识。在教学方法上，应该更加注重个性化的指导。教师可以通过与学生的密切沟通，了解他们的学科兴趣和学习需求，有针对性地进行个别辅导。这种个体化的关注有助于挖掘学生个体的潜力，使得每位学生都能够在体育学科中取得更好的发展。

二、体育教学环境与资源的问题

（一）设施和装备的不足

高校体育教学设施和装备的不足是一个亟待解决的问题。学校在体育教学方面的投入显著不足，导致了体育设施和装备水平的滞后。这不仅影响了学生的体育锻炼和运动能力的培养，也制约了体育教学的全面发展。首先，现有的体育场馆设施过于狭小，无法满足大规模体育教学的需求。场馆的数量和面积严重不足，导致学生在进行体育活动时受到空间的限制，难以充分展开运动，影响锻炼效果。其次，体育场地的质量和安全性也存在一定的问题。地面不平整、设施老化、缺乏维护，这些问题使得学生在运动中易受伤，不利于他们的身体健康。再次，缺乏现代化的体育装备也是一个制约体育教学发展的因素。传统的器械设备无法满足多样化、个性化的体育锻炼需求，影响了学生在不同项目上的技能培养。最后，缺乏先进的技术支持，也让体育教学的教学手段变得单一和陈旧。与时俱进的科技手段在体育教学中具有重要意义，但现实情况却是学校投入有限，无法为体育教学提供先进的技术支持。这使得学生在体育教学中难以享受到现代科技带来的便利和乐趣，也限制了他们在技能和认知水平上的全面提升。综合来看，高校体育教学设施和装备的不足直接影响了学生在体育活动中的参与度和兴趣，也制约了他们的身体素质和运动技能的全面发展。要解决这一问题，需要学校和相关管理部门加大对体育教育的投入，提高体育设施和装备的水平。只有通过提升硬件设施水平，才能为学生提供更好的体育锻炼环境，激发他们对体育的积极性和热情。同时，要注重设施和装备的日常维护工作，确保其长期稳定运行。此外，引入现代化的体育器材和技术手段，提高体育教学的科技含量，有助于激发学生的学习兴趣，提高他们在体育科目上的专业水平。

（二）师资力量不足

高校体育教学师资力量的不足是一项亟待关注和解决的问题。目前，许多高校在体育教育领域的师资力量相对不足，存在着一系列问题。首先，体育教学队伍的整体素质亟需提高。部分教师缺乏深厚的学科知识储备和实践经验，无法为学生提供全面的、深入的体育教学。其次，师资队伍的结构存在不均衡的情况。一些高校在聘用体育教师时更注重其专业背景，而忽视了教学经验和教学方法的培养。这导致了一些新进教师在面对实际教学问题时显得力不从心，影响了教学效果。再次，一些体育教师在教学中缺乏创新意识，教学方法较为传统，难以激发学生学习兴趣。师资力量不足还表现在教研能力方面，一些教师缺乏进行科学研究的动力和能力，导致科研成果较为匮乏，也难以促进体育教育的不断发展。最后，体育教学师资队伍的年龄结构不合理，老年教师较多而年轻教师相对较少，这在一定程度上影响了师资队伍的活力。对于这一问题，高校应该采取积极有效的措施，提升体育教学师资力量水平。首先，应该加强对教师的培训，提高其学科知识水平和实践能力，使其更好地胜任体育教学的任务。其次，高校应该注重师资队伍的结构调整，不仅要重视专业背景，还要注重教学经验和教学方法的培养。通过建立完善的培养体系，确保新进教师在接受职业培训的同时，能够更好地适应教学岗位。再次，高校还应该鼓励教师在教学实践中发挥创新能力，倡导灵活多样的教学方法，以激发学生的学习兴趣。对于教研方面，高校可以建立科研激励机制，提供更多的科研资源和支持，引导教师更加积极地投入科研活动，提升整体的教研水平。最后，高校还应该加强年轻教师的培养，鼓励他们参与教育教学改革。

（三）体育课程与其他学科脱节

高校体育教学中，体育课程与其他学科之间存在明显的脱节现象。学生在体育课上往往感到体育活动与其他学科之间缺乏联系，难以将体育知识与学科知识有机地结合起来。这种脱节的现象主要表现在教学内容的设计和教学方法的选择上。体育课程的设计与其他学科的知识体系脱节。在体育课上，教学内容往往强调运动技能和体能训练，而忽视了与其他学科知识的融合。学生在体育课上很难感受到体育与其他学科的内在联系，导致他们对体育知识的理解停留在表面层次，难以形成对体育学科的全面认知。教学方法的单一性使得学生在体育课上难以与其他学科的学习经验建立联系。传统的体育教学往往注重技能训练和体育活动的机械性执行，缺乏与其他学科交叉的元素。这使得学生在体育课上难以培养综合性的学科思维和解决问题的能力，造成了体育与其他学科学习之间的隔阂。缺乏跨学科的教学资源和平台也是导致体育课程与其他学科脱节的原因之一。高校通常存在学科之间的隔离，缺乏跨学科的合作机制。这使得体育教育难以与其他学科有机结合，难以借助其他学科的资源和知识，限制了学生在体育学科中的全面发展。教师的教学理念和态度也对体育课程与其他学科的融合产生了影响。一些体育教师过于强调体育运动的特殊性，将体育课程与其他学科割裂开来。这种教学理念使得学生在体育课程中难以体验到学科之间的共通性，影响了他们对体育学科的整体理解。解决体育课程与其他学科脱节的问题需要采取一系列综合性的措施。体育课程的设计应该更加注重与其他学科知识的融合，强化跨学科元素。通过将文化、历史、科学等元素融入体育课程，使得学生在体育学科中能够感受到其他学科的魅力，形成全面的知识结构。教学方法要注重培养学生的综合思维和问题解决能力。体育教学应该超越传统的技能训练，引导学生从运动中获取更多的认知和思考，使得他们能够将体育知识与其他学科的学科素养有机结合。需要建立跨学科的教学资源共享平台，促进各学科之间的交流与合作。学校可以设立跨学科的教学团队，将不同学科的教师纳入体育课程设计与教学过程，以丰富课程内容，促使学生在体育课程中获得更多的学科启迪。教师的培训与引导也至关重要。教师需要具备跨学科合作的意识和能力，鼓励他们在体育教学中引入其他学科的元素，以促进学科之间的融合。同时，学校也应该加强对教师的培训，提高他们的跨学科教学水平，使得能够更好地引导学生在体育学科中融入其他学科的内容。

第二节　学生需求与多样性

一、学生体育的需求

（一）学生体育需求的背景与认知

高校体育教育中学生体育需求的背景与多方面因素紧密相连。社会、文化、经济等层面的发展都对学生的体育需求产生深远影响，使得高校体育教育在满足学生需求时面临多层次的挑战和机遇。社会生活的快节奏和高压力对学生体育需求提出了新的要求。现代社会竞争激烈，学生面临着繁重的学业负担。在这种背景下，学生对体育的需求逐渐由简单的运动娱乐转变为对身体健康的迫切关注。高校体育教育应当紧密结合学生的学业压力，提供有针对性的体育活动，以帮助学生释放压力、保持身心健康。社会对综合素质的需求对学生体育需求产生了深远影响。传统观念中，体育教育主要强调身体素质的培养，但随着社会的发展，对综合素质的需求逐渐凸显。学生需要在体育教育中培养团队协作、沟通能力、创新精神等方面的综合素质，以适应未来多元化的社会需求。文化因素也在学生体育需求的背景中发挥着重要作用。随着国家体育事业的蓬勃发展，体育文化逐渐成为社会关注的焦点。学生对体育的需求不仅仅是为了锻炼身体，更是为了体验体育文化的独特魅力。高校体育教育需要融入丰富的体育文化元素，使学生在体验中增强对体育的热爱和认同感。经济因素也影响着学生体育需求的背景。随着家庭经济水平的提高，学生对体育设施和运动项目的需求逐渐升级。高校体育教育需要提供优质的体育设施和多样化的运动项目，以满足学生对更高水平体育体验的需求。学生体育需求的背景受到社会、文化、经济等多方面因素的共同影响。高校体育教育需要不断调整教学策略，紧密关注学生的需求变化，以更好地适应和引领学生在新时代对体育教育的需求得以满足。在这一背景下，高校体育教育有望在促进学生身心健康、培养综合素质和传承体育文化等方面取得显著的成就。高校体育教育必须深刻认知学生体育需求，以更好地满足他们多样性的期望和发展需求。学生体育需求的认知是高校体育教育持续改进的基石。多样性体育需求的挑战。学生体育需求的多样性是一个复杂的挑战，因为每个学生都有独特的兴趣、能力和目标。高校体育教育需要认知并适应这种多样性，以确保每位学生都能找到适合他们需求的体育活动。有的学生可能偏好竞技性的运动，而有的可能喜欢休闲性的体育活动。了解学生的多样性体育需求是为了提供个性化和差异化的教学服务。全面发展的认知除了了解学生兴趣和喜好外，高校体育教育还需要认知到全面发展的重要性。学生不仅仅需要在某一项体育运动中有专业水平，还需要培养团队协作、领导力等综合素质。高校体育教育应该通过多样化的课程和活动，促使学生在多个方面得到发展，为他们未来的职业和生活奠定基础。身体健康与心理健康的关联。学生体育需求的认知也需要更加强调身体健康与心理健康的关联。体育活动不仅是强身健体的手段，也对心理健康具有积极影响。高校体育教育应该更加关注提升学生的生活质量，通过体育活动促使他们建立积极的身心健康观念。社交与团队合作的认知。学生在大学期间不仅仅是为了学习知识，也是为了建立社交网络和培养团队合作能力。认知到这一点后，高校体育教育应该设计课程和活动，鼓励学生通过参与体育团队、比赛等活动，培养团队协作和沟通能力。这样的认知有助于使体育活动成为促进学生全方位发展的有效手段。增强自我意识的重要性学生体育需求的认知还需要高校体育教育关注增强学生的自我意识。学生通过体育活动可以更好地认识自己的身体状况、兴趣和潜力。高校体育教育应该鼓励学生主动参与体育活动，提高他们对自身身体素质和运动技能的认知水平。培养终身运动习惯的觉悟，学生体育需求的认知也涉及培养学生终身运动习惯的觉悟。高校体育教育不仅仅是为了满足当前的需求，更是为了培养学生终身关注体育锻炼的觉悟。通过提供丰富多彩的体育活动，高校可以激发学生对体育的长期兴趣，使其在未来的生活中保持健康的体育锻炼习惯。

（二）教学方法与学生互动

高校体育教育的教学方法应当具有多样性和实效性。多元化的教学方法有助于激发学生的兴趣和主动参与。传统的体育教学往往侧重于标准化的体育项目，而忽略了学生个体差异。因此，引入多元化的教学方法，包括但不限于游戏化教学、小组合作教学、项目式教学等，能够更好地满足学生不同的学习需求，激发他们对体育的兴趣，提高学习积极性。实践性强的教学方法有助于巩固学生的体育知识和技能。高校体育教育不应仅仅停留在理论层面，更需要注重实践性的培养。通过组织实际的体育活动、实地考察和实践性项目，学生能够更深入地理解和掌握体育知识，提高运动技能水平。这种基于实践的教学方法有助于加深学生对体育学科的理解，培养他们在实际运动中的综合素质。个性化的教学方法能够更好地满足学生的个体差异。不同学生在学习体育方面有不同的兴趣、天赋和水平，因此，采用个性化的教学方法能够更好地满足他们的学习需求。例如，为学生制定个性化锻炼计划、提供一对一指导，以确保每位学生都能够在体育学科中找到适合自己的发展路径。注重互动和合作的教学方法有助于培养学生的团队协作精神。体育是一个强调集体协作的领域，因此，在高校体育教育中，教学方法应该注重学生之间的互动和合作。例如，通过小组活动、团队项目等方式，培养学生的团队协作和沟通能力，使他们在团队中更好地发挥个人优势，共同达到体育目标。注重实践教学与理论教学的结合，有助于培养学生的综合素质。理论教学和实践教学相辅相成，理论知识能够为实践提供理论指导，实践活动则有助于巩固理论知识。通过将课堂教学与实际体育活动相结合，学生能够更全面地理解体育学科，并将知识运用于实际运动中，从而提高他们的运动技能水平。高校体育教育的教学方法应该具有多样性、实效性、个性化，并注重理论与实践的结合，以更好地满足学生的学习需求，培养他们在体育领域的全面素质。在当今社会，高校体育教育作为学生全面发展的重要组成部分，越来越受到人们的关注。学生互动作为体育教育的重要环节，不仅有助于学生身体素质的提高，更有助于培养学生的团队协作精神和个人品质。高校体育教育与学生互动相辅相成、相互促进，共同构建一个积极向上、充满活力的校园体育文化。高校体育教育的互动性强调了学生在体育活动中的参与性。通过组织各类体育赛事、健身活动，学生有机会积极参与，不仅能够锻炼身体，更能够培养他们的团队协作意识。在这个过程中，学生不仅仅是个体的参与者，更是一个整体的合作者，通过相互配合、沟通交流，形成团结友爱的集体氛围。高校体育教育的互动性有助于培养学生的领导才能。在各类体育活动中，学生有机会担任队长、组织者等角色，通过协调团队，制定策略，培养了他们的领导才能。这种互动过程不仅仅是体育技能的提升，更是对学生综合素质的全面锻炼，使他们在未来的社会生活中能够更好地适应和展现自己的优势。高校体育教育的互动性强调了学生在比赛中的竞技精神。通过参与各类竞技比赛，学生不仅能够在体育方面锻炼自己，更能够培养出顽强拼搏、永不放弃的精神品质。这种竞技精神不仅仅在体育场上发挥作用，更会渗透到学生的学业和生活中，使他们能够勇攀科学、创新未来。

（三）学生体育需求的多样性

高校体育教育面对学生体育需求的多样性，表现在多个方面。学生对体育活动的兴趣和喜好存在差异。一些学生喜欢传统的体育项目，如篮球、足球，而另一些学生可能倾向于新兴的体育活动，比如攀岩、瑜伽等。学生对体育活动的目的和期望不同，有的追求身体健康，有的追求团队协作，还有的追求个人成就。学生的身体状况和体育水平存在差异，有的学生身体素质较好，有的学生可能需要专业指导。在这个多样性的背景下，高校体育教育需要提供丰富的体育活动选择。不仅要保留传统的体育项目，还需要引入新颖的运动形式，以满足不同学生的兴趣需求。体育课程的设置应该充分考虑学生的个体差异，为不同水平和身体状况的学生提供差异化的培训方案。学生对体育活动的目的各异，因此，高校体育教育应该强调多元化的培养目标，不仅要注重身体素质的提升，还要重视团队协作、领导力等方面的培养。通过设立不同类型的体育课程，满足学生在身体、心理、社交等多方面的发展需求，促进学生在体育领域的全面发展。对于学生不同的身体状况和体育水平，高校体育教育需要提供个性化的指导和培训。为身体素质较好的学生提供更具挑战性的训练，为身体素质相对较弱的学生提供科学的锻炼方案，以确保每位学生都能够在体育活动中找到适合自己的位置，体验到成功和成就感。

二、学生体育的多样性

（一）课程设置与个性化需求

高校体育教育面临着学生个性化需求的挑战，这种需求体现在多个方面。学生在体育活动的兴趣和喜好方面存在显著的个性化差异。一些学生可能对传统的体育项目如篮球、足球感兴趣，而另一些学生可能偏好个性化的运动形式，如瑜伽、攀岩等。因此，高校体育教育需要提供多样化的体育活动选择，以满足学生个性化的兴趣需求，使每个学生都能找到适合自己的体育项目。学生对体育活动的目的各异，个性化需求在这一点上尤为突出。有的学生追求身体健康，希望通过体育锻炼维持身体的良好状态；而有的学生可能更注重团队合作，希望通过参与集体体育活动培养团队协作精神。高校体育教育需要根据学生不同的目的，制定个性化的培训计划，以满足学生在身体、心理、社交等方面的个性化需求。学生的身体状况和体育水平也存在较大差异，对个性化需求提出了具体的要求。一些学生可能具备较高的身体素质，需要更具挑战性的体育训练；而一些学生身体素质可能相对较弱，需要更细致科学的引导。因此，高校体育教育需要差异化的指导和培训，为不同水平和身体状况的学生提供个性化的服务。在面对学生个性化需求时，高校体育教育不仅需要提供多元化的体育活动选择，更需要注重培养学生的体育自主性。鼓励学生根据自己的兴趣和需求主动参与体育活动，激发其内在的动力和热情。这种个性化的培养方式有助于学生更全面、更自觉地发展自己在体育领域的潜能。高校体育教育需要全面了解学生的兴趣、目的、身体状况和体育水平，提供多元化、个性化的体育活动选择和培训方案。通过满足学生的个性化需求，高校体育教育有望促进学生在体育领域的全面发展，培养具有独立思考和自主学习能力的体育人才。高校体育教育的课程设置是培养学生全面素质和健康体魄的关键。课程的设计应该充分考虑学生的兴趣、需求和整体发展，以确保他们能够在体育领域取得全面的成长。课程的多样性。高校体育教育的课程设置应当注重多样性，涵盖各种体育活动和运动形式。这包括但不限于传统的体育竞技项目、健身锻炼、团队合作等。通过提供多样性的课程，学生能够根据自己的兴趣和特长，选择适合自己的运动项目，从而培养广泛的体育兴趣。综合素质的培养。高校体育教育的课程设置应强调综合素质的培养。除了运动技能的提升外，课程还应包含团队协作、领导力、沟通能力等方面的培养，以培养学生的全面发展。通过引入综合素质的课程内容，高校体育教育有助于使学生在体育锻炼中获得更多的人际交往和人生经验。健康生活观念的灌输。高校体育教育的课程设置应当注重向学生灌输健康的生活观念。课程内容不仅仅关注运动技能的提升，还应强调保持身体健康的重要性。通过对健康生活方式的培养，学生将更加深刻地认识到体育活动对身体健康的积极影响，养成终身锻炼的习惯。适应性课程的设置。考虑到学生的不同兴趣和体能水平，高校体育教育的课程设置应当注重适应性。这意味着在同一门课程中，应当为不同水平的学生提供相应的挑战。适应性课程的设置有助于激发学生的学习兴趣，提高他们对体育锻炼的积极性。社会责任感的培养。高校体育教育的课程设置还应该关注社会责任感的培养。通过引入社会服务、公益体育等元素，使学生认识到体育不仅仅是个人发展的手段，还是为社会健康、社区团结作出贡献的途径。这样的课程设计能够培养学生的社会责任感和团队协作精神。创新与科技的融入。随着科技的发展，高校体育教育的课程设置也应当融入创新和科技元素。例如，可以引入虚拟现实技术、智能运动设备等，以增强课程的趣味性和学习效果。通过创新科技的融入，高校体育教育不仅更加符合学生的兴趣，还能更好地满足未来社会对体育人才的需求。教育研究的参与。高校体育教育的课程设置需要更积极地参与教育研究。通过对不同课程的效果进行评估和改进，不断调整课程设置，以适应社会的发展和学生的需求。教育研究的参与有助于高校体育教育更好地适应不断变化的教育环境。

（二）学生参与与体验

高校体育教育中，学生参与与体验是至关重要的方面。学生的参与不仅包括参与体育活动的机会，更包括他们在体育学科中的实际参与和投入。这种参与不仅是学生学习体育知识和提高体育技能的手段，还是促进学生全面发展的有效途径。学生通过参与体育活动，能够亲身感受运动的乐趣与挑战。参与体育活动不仅是一种锻炼身体的方式，更是一种享受运动乐趣的机会。学生通过亲身体验，能够感受到运动的愉悦感，激发他们对体育的浓厚兴趣。在挑战性的体育活动中，学生也能够体验到战胜困难的成就感，培养其坚韧不拔的品质。学生在体育学科中的实际参与能够促使他们更深刻地理解理论知识。体育不仅仅是一种实践性的活动，也有其理论体系。通过实际参与，学生能够将理论知识与实际运动相结合，深入理解课堂上所学的概念和原理。这种理论与实践的结合有助于学生形成全面的体育认知，提高对体育学科的理解水平。学生的体验不仅仅停留在运动技能的提高，更包括对团队协作、领导力等方面的体验。在团队体育活动中，学生需要与队友密切合作，共同追求团队目标。这种协作体验有助于培养学生的团队合作精神，提高他们在团队中的沟通与协调能力。在一些需要个人领导的体育项目中，学生也能够体验到领导他人的责任和乐趣，培养领导力。学生通过体育活动的体验，还能够塑造积极向上的态度和价值观。运动中的挑战与胜利，能够让学生养成积极向上、勇敢拼搏的品质。体育活动中的公平竞争和团队精神，有助于培养学生的公正公平、团队合作等价值观，使他们更好地融入社会。

三、未来趋势与发展方向

高校体育教育的发展方向需要与时俱进，紧跟社会发展的脚步，以更好地适应当今复杂多变的社会环境。在未来的发展中，高校体育教育将面临多重挑战和机遇，需要在以下几个方向上进行深化与拓展：高校体育教育应当注重个性化与差异化发展。个性化教育是未来高校体育教育的必然趋势，要充分尊重学生个体差异，提供多元、灵活的体育教育方案。通过制订个性化的训练计划、提供多样性的体育项目，满足不同学生的需求，使每个学生都能够找到适合自己的发展路径。高校体育教育需要更加注重综合素质的培养。不仅要强调学生在体育技能上的提高，还要注重培养其综合素质，包括团队协作能力、领导力、沟通能力等。未来的高校体育教育应当更加注重学生在体育活动中的综合发展，使其在身体、心理和社交等方面都得到全面提升。高校体育教育需要深度融入科技与创新。运用先进的科技手段，如虚拟现实、人工智能等技术，将科技与体育教育相结合，提供丰富、创新的教学内容和方法。通过引入数字化教学资源、运动科技设备等，提高教学效果，推动体育教育走向科技化的未来。高校体育教育还应与社会需求对接。要深化与企业、社会体育组织的合作，了解社会对体育人才的需求，调整专业设置，优化培养方案，使毕业生适应社会的要求。通过实践性项目、实习机会等，提高学生的职业素养，为其未来就业提供有力支持。高校体育教育还需关注国际化发展。在全球化的背景下，加强与国际体育组织、高校的合作，开展国际化的交流与合作，推动高校体育教育水平的提升。通过引入国际先进的体育理念、培养国际化的体育人才，提高高校体育教育的国际竞争力。未来高校体育教育的发展方向应当包括个性化与差异化、综合素质培养、科技与创新、社会需求对接、国际化发展等多个方面。只有在多方位的发展中，高校体育教育才能更好地适应社会的变革，为学生提供更为全面的体育教育服务。未来，高校体育教育将呈现出多元化和个性化的发展趋势。随着社会的不断进步和人们对教育需求的日益多样化，高校体育教育将更加注重个体差异的尊重和发展。体育教育将不再局限于传统的课堂模式，而是通过创新的方式，更好地满足学生的个性需求。未来高校体育教育的发展注重综合素质的培养。不再仅仅关注体育技能的培养，而是全面地关注学生的身心健康、团队协作、创新思维等方面的素质。体育活动强调对学生全面素质的培养，使其在未来社会中具备更强的适应能力和竞争力。未来高校体育教育将更加注重科技的融合。借助现代科技手段，体育教育将更好地与信息技术、虚拟现实等融为一体，创造出富有创意和趣味性的教学模式。学生将通过虚拟现实技术参与各类体育活动，使体育教育更加生动有趣，激发学生的学习兴趣。未来高校体育教育将更加注重国际化。体育不再局限于本土文化，而是开放包容，吸纳各国文化的精髓。国际化的体育教育将促使学生更好地理解和融入全球化的社会，培养具有国际竞争力的人才。未来高校体育教育将更加注重社会服务。体育活动将更多地融入社区服务和公益事业，通过开展各类社会体育项目，为社会健康事业做出更大的贡献。学生将在实践中学习，培养更强的社会责任感和团队协作精神。未来高校体育教育将更加注重跨学科的融合。与其他学科的交叉融合将成为常态，体育教育将与心理学、医学、管理学等学科形成更紧密的联系，为学生提供更全面的知识体系。这将有助于培养学生更具创新思维和跨界合作的能力。未来高校体育教育的发展趋势将更加注重个体发展，综合素质培养，科技融合，国际化，社会服务和跨学科融合。这一发展方向将使高校体育教育更好地满足未来社会对人才的需求，为学生的全面发展拓展广阔的空间。

第三节　教育技术与在线教育

一、高校体育教育中的教育技术

（一）教育技术在高校体育教育中的崭新角色

高校体育教育正经历着科技变革带来的崭新角色，技术在其中发挥着越来越重要的作用。这一变革不仅仅是技术手段的引入，更是对传统教学方式的颠覆与创新。技术的崭新角色主要体现在以下几个方面：（1）技术在高校体育教育中发挥了更为强大的辅助教学作用。传统的体育教学主要依赖于口头传授和示范，而随着技术的发展，教育者可以利用多媒体技术，通过图像、视频等形式进行直观的教学展示。这种形式不仅能够提高学生对知识的理解能力，同时也使得体育教学更富有趣味性，激发学生的学习兴趣。（2）技术为高校体育教育带来了更多实践性的教学工具。通过引入虚拟实验、模拟等先进技术，学生可以在虚拟环境中进行体育实践，模拟真实比赛场景，提高实际操作的能力。这不仅能够让学生更加深入地理解体育知识，同时也为他们提供了更多的实践机会，促使其将理论与实践更好地结合。（3）技术也在高校体育教育中推动了数据分析与运动科技的发展。运动科技的应用，如运动传感器、智能设备等，能够实时监测学生的运动状态，提供详尽的数据分析。这为教育者提供了更全面、更客观的信息，使得教学过程科学，帮助学生更好地理解自己的运动状态，提高技能水平。（4）技术在高校体育教育中还促进了在线学习平台与远程教育的发展。通过互联网技术，学生可以在任何时间、任何地点参与在线学习，获取丰富的体育教育资源。这不仅提高了学生学习的便捷性，也为跨地域的教学提供了更大的可能性，促进了高校体育教育的全球化发展。（5）技术在高校体育教育中还加强了教育者与学生之间的沟通与互动。通过各种在线平台、社交媒体，教育者能够直接地与学生进行互动，分享教学资源、提供答疑服务。这种即时的沟通方式有助于师生建立更紧密的关系，提高学生参与学习的积极性。

（二）虚拟实验与模拟技术在体育教学中的运用

在高校体育教育领域，虚拟实验的运用正逐渐成为一种颠覆性的教学模式。这一创新性的手段不仅为学生提供了更为丰富、生动的学习体验，同时也为体育教育的发展开辟了新的道路。通过虚拟实验，学生得以在模拟环境中进行身临其境的体验，使得传统的体育教学模式面临着深刻的变革。虚拟实验在体育教学中的运用强调了实践性的重要性。通过虚拟实验，学生可以在虚拟场景中模拟各种体育运动，如足球、篮球等，而无需受到时间和空间的限制。这种实践性的教学模式使得学生能够深入地理解体育运动的规律和技能，为他们的专业发展打下坚实的基础。虚拟实验的运用加强了体育理论与实践的紧密结合。通过模拟实验，学生能够在虚拟环境中应用体育理论知识，观察和分析各种运动场景，从而更好地理解理论知识并能实际运用。这种理论与实践的有机结合有助于学生形成更加全面的体育知识。虚拟实验的运用也强调了团队协作与沟通的能力。在虚拟实验中，学生通常需要与其他团队成员合作，共同完成模拟体育活动的任务。这种团队协作的模式培养了学生在未来工作中更好地与他人合作的能力，为其职业发展提供了有力的支持。虚拟实验的运用还有助于个性化教育的发展。通过虚拟实验，学生可以根据自身兴趣和需求选择不同的体育运动进行模拟实践。这种个性化的教学方式有助于激发学生对体育的热情，使得学习不再是单一、枯燥的过程，而是充满乐趣和动力的体验。另外，虚拟实验在体育教学中的运用也面临一些挑战。其中之一是技术设施的限制。虚拟实验通常需要先进的技术设备和高水平的网络支持，而一些学校或地区可能缺乏这样的条件，使得虚拟实验的应用受到一定的局限。虚拟实验的运用还需要教师具备相关的技术水平和教学经验。教师需要熟练掌握虚拟实验技术，能够有效地指导学生进行模拟实践，使得虚拟实验真正发挥其在体育教学中的优势。虚拟实验在高校体育教育中的运用为教学模式带来了新的可能性。通过实践性强、理论与实践结合、团队协作与沟通能力培养、个性化教育等特点，虚拟实验为高校体育教育的未来发展提供了创新的途径。尽管面临一些挑战，但通过不断努力克服技术、设施等方面的障碍，虚拟实验有望在高校体育教育中发挥更为重要的作用。模拟技术在高校体育教育中的运用呈现出日益重要的趋势。通过模拟技术，教育者能够为学生提供丰富的体育学习体验。模拟技术也为高校体育教育注入了更具交互性的学习元素。通过虚拟现实（VR）技术，学生可以参与模拟的运动场景，与环境进行互动。这种交互性使学生能够更加深入地体验运动过程，加强其对体育技能的理解和掌握。模拟技术为高校体育教育提供了更多实践性的学习机会。通过模拟器，学生可以在虚拟环境中进行体育实践，模拟真实比赛场景。这种形式不仅能够为学生提供更多的实际操作机会，同时也能帮助学生更好地适应实际的比赛环境，提高其运动技能水平。模拟技术在高校体育教育中还加强了个体差异的考虑。通过定制化的模拟方案，模拟技术可以根据学生的个体特点，提供针对性的训练和反馈。这种个性化的学习模式有助于满足不同学生的学习需求，提高教育的针对性和有效性。模拟技术为高校体育教育带来了全面的教学资源。通过模拟技术，学生可以接触到各种不同类型、不同难度的体育场景，丰富了其对体育知识的学习。教育者也可以根据教学需求，灵活运用模拟技术，提供多样化的教学内容，使学生能够全面地了解体育领域的知识。模拟技术的应用促进了高校体育教育的国际化。通过模拟技术，学生可以与世界各地的体育爱好者和专业人士进行虚拟互动，了解不同文化下的体育运动特点，拓宽国际化视野。

（三）数据分析与运动科技的整合

　　数据分析与运动科技的整合在高校体育教育中的运用，是体育教学领域的一项创新。这种整合体现了科技与数据在增强学生学习体验、提高教师教学效果和提升学生运动技能方面的巨大潜力。数据分析与运动科技的整合使得体育教育更加科学化。通过传感器和监测设备，学生的运动数据可以被实时记录和分析，包括运动姿势、速度、力度等多个方面。这为教育者提供了科学的依据，帮助他们更准确地评估学生的运动状态，制订有针对性的训练计划。整合数据分析与运动科技为高校体育教育注入实用的教学工具。基于数据分析的软件和应用使得教育者能够直观地展示运动技能的变化和进步，为学生提供详细的个性化反馈。这样的教学工具不仅提升了学生对自身运动技能的认识，同时激发了学生对体育学科的兴趣。数据分析与运动科技的整合推动了个性化教学的发展。通过分析学生的运动数据，教育者可以更好地了解每个学生的特点和需求，量身定制个性化的训练计划。这样的个性化教学有助于激发学生的学习兴趣，提高他们的学习动机，从而更好地实现教育目标。整合数据分析与运动科技也促进了学科交叉的融合。在运动科技的支持下，体育教育可以更好地与计算机科学、数学等学科结合，形成跨学科的教学模式。这不仅有助于培养学生的综合素养，也促进了他们不同学科领域之间的知识互补与交流。数据分析与运动科技的整合使得高校体育教育更具国际竞争力。随着科技的全球化，国际间的合作与交流成为趋势。在这一背景下，运动科技的应用为学生提供了与国际水平接轨的学习体验，使得高校体育教育更加符合国际标准，提高了其在国际体育教育领域的地位。

二、高校体育教育中的在线教育

（一）在线教育平台的发展与应用

随着科技的迅猛发展，在线教育平台逐渐成为高校体育教育领域中的一股强大力量。这种趋势不仅是一种现象，更是一种不可逆转的潮流。在线教育平台的崛起为高校体育教育带来了新的可能性与挑战，这种转变使得传统的教学模式面临深刻的变革。在线教育平台的兴起使得高校体育教育摆脱了时间和空间的限制。学生可以在任何时间、任何地点通过网络学习相关体育知识和技能。这不仅提高了学生的学习效率，也使得那些因为时间或地理原因无法参与传统体育课程的学生能够融入体育教育的大家庭中。在线教育平台的发展还推动了高校体育教育的多元化。通过在线平台，学生可以选择更加个性化的学习内容，满足不同学生的兴趣和需求。这种个性化的教学方式有助于激发学生对体育的热情，培养他们深层次的体育兴趣。在线教育平台的引入也使得高校体育教育更加注重实践性。通过在线平台，学生可以参与各类虚拟实验、实践项目，将理论知识与实际运用相结合。这样的教学模式不仅能帮助学生更好地理解体育知识，也培养了他们解决实际问题的能力。在线教育平台的发展还加强了高校体育教育与产业的紧密联系。通过与体育产业合作，学生可以更好地了解行业需求，掌握最新的发展趋势。这种紧密联系有助于使高校体育教育更加贴近社会实际，为学生未来的职业发展提供更多可能性。在线教育平台的不断发展也带来了一系列的挑战。其中之一是如何保证在线教育的质量。由于在线平台的开放性，学生可能面临着质量参差不齐的问题，因此，如何建立科学的评估体系，确保在线教育的质量成为一个亟待解决的问题。在线教育平台的发展为高校体育教育带来了前所未有的机遇。这种模式不仅改变了传统体育教育的方式，也为学生提供了灵活、多元的学习途径。这也需要高校及相关教育机构认真面对在线教育所带来的挑战，制定相应的政策和措施，确保在线教育在高校体育教育中能够发挥积极的作用。高校体育教育正深受在线教育平台的影响，这种教学模式的应用为体育教育带来了新的机遇和挑战。在线教育平台的应用在高校体育教育中呈现多方面的特色和影响。在线教育平台为高校体育教育提供了灵活的学习方式。学生可以通过互联网随时随地访问在线课程，实现自主学习。这种灵活性不仅能够适应学生个体差异，还为那些因时间、地点限制难以参与传统面授课程的学生提供了更多学习的机会。在线教育平台为高校体育教育提供了丰富的学习资源。通过平台，学生可以获取到包括教材、视频、实例等在内的多样化学习资源，这有助于拓展学生的知识面，提高其对体育领域的全面理解。教育者也可以通过平台上传和分享教学资源，促进师生之间的互动与交流。在线教育平台还为高校体育教育提供了个性化的学习体验。通过数据分析和人工智能技术，平台能够根据学生的学习情况和兴趣特点，个性化地推荐学习内容，提供定制化的学习计划。这种个性化教学有助于激发学生的学习兴趣，提高学习效果。在线教育平台也为高校体育教育提供了更为实用的实践性教学工具。通过虚拟实验、模拟等先进技术，学生可以在虚拟环境中进行体育实践，模拟真实比赛场景，获得实际操作的机会。这种形式不仅使学生能够更加深入地理解体育知识，同时也为他们提供了更多的实践机会。在线教育平台还为高校体育教育提供了更为国际化的学习机会。通过跨境合作、远程教学等形式，学生可以与来自不同国家和地区的教育者和同学互动学习，拓宽国际化视野，了解全球体育发展趋势。在线教育平台为高校体育教育带来了诸多机遇，但也面临一些挑战，比如，如何保障教育质量、促进学生参与度等问题。因此，在应用在线教育平台的过程中，需要高校体育教育者结合实际情况，积极探索有效的教学方法，确保在线教育的质量和效果。

（二）在线协作与远程学习的实践

在当今社会，高校体育教育正在逐步转向在线协作与远程学习相结合的实践。这一转变为体育教育注入了新的活力和可能性。在线协作与远程学习的实践不仅扩大了学生的学习空间，更促使教育者在体育教育中采用创新的方法，以适应信息时代的发展趋势。在线协作为高校体育教育带来了开放的学习平台。通过在线协作，学生可以在虚拟环境中共同参与各类体育活动，不受时间和空间的限制。这种开放性的学习平台为学生提供了更多展示和分享的机会，激发了他们对体育学科的学习兴趣。远程学习使高校体育教育更具灵活性。学生可以在家中或其他地方通过互联网参与体育课程，无需受到传统教室设置的限制。这种灵活性不仅有助于学生更好地安排自己的学习时间，还为那些因地理原因难以获得高质量体育教育资源的学生提供了更多的学习机会。在线协作与远程学习的实践强调了学生与教育者之间密切的互动。通过在线平台，学生可以与教育者进行更直接、更实时的沟通，及时解决学习中的问题。这种互动模式不仅促进了师生之间的紧密联系，更有助于个性化教学方法的实施。远程学习的实践使高校体育教育注重自主学习和问题解决能力的培养。学生需要主动地寻找学习资源，独立完成学习任务。这种自主学习的方式不仅有助于培养学生独立思考的能力，还能够在实践中培养他们解决实际问题的能力。在线协作与远程学习的实践也面临一些挑战。其中之一是技术设施的限制。不同地区、学校的网络条件和技术设备水平差异较大，这可能导致一些学生无法充分享受在线学习的便利。因此，如何解决这一问题，确保教育资源的公平分配，成为在线协作与远程学习发展中需要重点关注的问题。远程学习模式可能导致学生在学习过程中缺乏足够的面对面交流，降低了团队协作的机会。传统的体育教学中，学生通常通过集体活动锻炼团队协作精神，而在线学习可能使得这一方面的培养面临一些挑战。在线协作与远程学习的实践为高校体育教育带来了新的发展机遇。

（三）在线评估与反馈体系的构建

高校体育教育中，在线评估的构建是一个日益受到关注的领域。这一构建的目的在于更好地了解学生在体育学科方面的学习情况，通过科学有效的评估方法，促使学生在体育教育中获得全面和深入地知识。在线评估的构建旨在提高评估的灵活性、准确性和个性化，使其适应信息时代的发展趋势。在线评估的构建强调了评估工具的多样性。通过借助先进的科技手段，可以创造出多元、灵活的评估工具。这些工具包括虚拟实验、在线问卷、视频展示等，使得评估具体、富有创意。这种多样性的评估工具有助于更全面地了解学生在体育学科学习中的能力和水平，为他们提供更有针对性的学习支持。在线评估的构建突出了实时性的重要性。传统的评估方法通常需要较长的周期来完成，而在线评估可以实现即时反馈。通过即时反馈，教育者可以迅速地了解学生的学习进展，及时调整教学方法，为学生提供更及时的帮助和指导。这种实时性的评估机制有助于提高学生的学习效果和教学质量。在线评估的构建注重了个性化评估的实现。通过利用大数据和人工智能等技术，可以准确地分析每个学生的学习情况，为其量身定制个性化的评估方案。这种个性化的评估方式有助于更好地满足学生的个体差异，促使他们全面地发展体育技能和知识。构建在线评估还需要强调对学生参与度的考量。通过在线平台，学生可以更自主地参与评估活动。这种主动参与不仅能够激发学生的学习兴趣，还有助于培养他们的自我管理和学习动力。在线评估的构建需要倡导学生参与评估的理念，使其成为学习过程的积极主体。在线评估的构建也面临一些挑战。其中之一是评估工具的有效性和公平性。不同学生的学习背景和学习水平存在差异，因此在线评估的工具需要更为科学和客观，避免对学生产生不公平的影响。其还需要考虑到技术设备的限制，确保学生能够平等地参与在线评估。构建在线评估还需要强调对教育者的培训。教育者需要熟练掌握在线评估工具的使用方法，了解评估结果并对其进行分析和应用。这需要针对教育者的培训课程和支持体系，以确保在线评估在高校体育教育中能够发挥其最大的效益。在线评估是高校体育教育中一个值得关注和投入的领域。通过多样性的评估工具、实时的评估机制、个性化评估方式以及对学生参与度和对教育者的培训的强调，可以使在线评估更好地适应信息时代的需求，提高评估的科学性和实效性。但其仍需要克服一些挑战，确保在线评估在高校体育教育中的应用普及和有效。体育教育中的反馈体系是复杂而重要的构建，直接关系到学生的学习效果和技能提高。反馈体系的建设不仅要涉及教育者的反馈方式，还要考虑到学生的接受能力和个体差异，以达到有效的教学效果。反馈体系的构建需要注重多样化的反馈形式。传统的口头反馈可以搭配书面反馈、视觉反馈等多种形式，使学生能够从不同的角度获取信息。这有助于满足学生的不同学习风格和需求，提高反馈的全面性和个性化程度。构建反馈体系需考虑及时性。在学生进行体育运动或学习过程中，及时反馈对于他们的技能提高至关重要。及时反馈能够帮助学生纠正错误，及早掌握正确的运动技能，提高学习效率。反馈体系的构建要关注正向激励。通过给予学生积极的反馈，可以增强他们的学习兴趣和动力，促使他们更加投入体育学习。正向激励还有助于培养学生的自信心，提高其对运动技能的自我评价能力。在构建反馈体系时，还需要考虑个体差异。不同学生在接受反馈时有着不同的心理承受能力和接受能力。因此，反馈体系应该根据学生的个体差异，采取差异化的反馈策略，以确保每个学生都能够受益于反馈信息。构建反馈体系需要借助先进的技术手段。现代科技的发展为体育教育提供了丰富的教学工具，例如，运动监测设备、虚拟实境等。这些技术手段可以帮助教育者更准确地获取学生的运动数据，为其提供更具体、更有效的反馈。反馈体系的构建还需注重教育者与学生之间的互动。通过与学生建立密切的沟通渠道，教育者可以更好地了解学生的学习情况和需求，为其提供更为个性化的反馈。互动也有助于建立师生之间的信任关系，促使学生更加愿意接受教育者的指导和建议。

第四节　教育政策与体育课程改革

一、教育政策的改革

（一）政策背景的影响

高校体育教育的发展受到政策背景和教育改革的深刻影响。政策背景作为社会发展的重要组成部分，为高校体育教育提供了制度性支持和引导。教育改革的动因则源于社会对人才培养的新需求和教育理念的不断演变。政策背景方面，国家在不同时期对高校体育教育制定了一系列政策，旨在推动体育教育的全面发展。政府通过颁布相关法规和政策文件，强调体育教育在学校教育中的重要性。政策的制定不仅为高校体育教育提供了法律依据，还为其发展提供了政府层面的支持，有力推动了高校体育教育事业的蓬勃发展。教育改革的动因主要源于社会对人才培养的新期望。随着社会的不断发展和经济的转型，社会对人才的需求也发生了深刻变化。传统的人才培养模式已经无法满足社会对多层次、多领域人才的需求。在这一背景下，教育改革势在必行。体育作为人才培养的重要组成部分，受到突出关注。教育改革的动因还体现在其对教育理念的不断演变。随着社会观念的更新和科技的发展，人们对于教育的期望也发生了变化。传统的教育模式强调知识的传授，而现代教育注重培养学生的创新能力、团队协作精神和实践能力。体育教育因其独特的培养方式，逐渐成为培养学生综合素养的有效手段，符合当代教育理念的需要。在政策背景和教育改革的双重推动下，高校体育教育逐渐走向多元发展。政府的政策支持为高校体育教育提供了资源和环境，使其能够更好地发挥作用。教育改革的动因则激发了高校对于体育教育的创新探索，推动了教育理念的更新和教育方式的多样化。政策背景和教育改革是推动高校体育教育发展的两大重要动力。

（二）政策对高校体育的指导思想与目标

高校体育教育作为国家整体教育体系中的重要组成部分，一直以来都受到政策的指导和规范。政策对高校体育的指导思想旨在推动体育教育的全面发展，促进学生身心健康的全面发展，培养德、智、体、美、劳全面发展的社会主义建设者和接班人。这一指导思想的制定与实施，对于高校体育教育的长远发展具有深远的影响。政策对高校体育的指导思想强调了体育教育的整体性。体育不仅仅是一项课程，更是学生个体素质的综合体现。政策明确指导思想要求高校体育教育不仅要注重对学生体育技能的培养，更要关注他们身体素质的全面提升，注重培养学生的团队协作、领导才能等综合素质。这种整体性的指导思想有助于高校体育教育真正发挥其多方面的作用，为学生全面发展奠定基础。政策对高校体育的指导思想着重强调了素质教育的理念。体育教育中，不仅仅要关注对学生体育技能的培养，更要注重培养他们的道德品质、团队协作能力、创新思维等方面的素质。政策指导思想强调了体育教育是德智体美劳全面发展的过程，致力于培养具有全面素质的高素质人才。这一理念有助于使体育教育贴近社会实际需求，为学生的未来发展提供多元化的支持。政策对高校体育的指导思想强调了创新与实践的重要性。在体育教育中，政策鼓励高校开展创新的教学方法和实践活动，使体育教育更富有活力。通过引导高校开展创新性的体育教学研究、政策指导思想，有助于培养学生的创新精神和实践能力，使他们能够更好地适应社会的发展和变化。政策对高校体育的指导思想明确了社会责任的重要性。

高校体育教育不仅仅是为了培养优秀运动员，更是为了培养社会各界需要的优秀人才。政策指导思想鼓励高校体育教育积极参与社会服务和公益事业，通过体育活动为社会健康事业做出贡献。这种社会责任的观念使得高校体育教育能更好地融入社会发展大局，为国家培养更多有益于社会的人才。政策对高校体育的指导思想在促进高校体育教育的发展和提升学生素质方面具有深远的意义。这一指导思想不仅强调体育教育的整体性、素质教育的理念，更注重创新与实践、社会责任的履行。这种全面的思想框架有助于高校体育教育更好地适应社会需求，为学生提供全面、深入的教育服务，为培养具有现代素养的人才打下坚实基础。高校体育教育的目标受到政策的直接影响和引导。政策对高校体育的目标设定在促进学生全面发展、提高国家体育水平、增强国家综合实力等多个方面起到了至关重要的作用。政策对高校体育教育的目标强调学生全面发展。政策倡导体育教育不仅仅关注学科知识的传授，更强调通过体育活动培养学生的身体素质、团队协作能力、领导力等多方面素养。政策的导向使得高校体育教育注重培养学生的全面素质，以适应社会的多元需求。政策推动高校体育教育的目标在提高国家体育水平方面具有重要作用。通过政策的支持和引导，高校被要求加强对专业运动员和优秀教练员的培养，提高其竞技体育水平。政策的关注使得高校体育教育更紧密地与国家体育事业的发展相结合，为培养更多优秀运动员和教练员提供了政策支持。政策对高校体育教育的目标强调了社会责任和服务。高校体育教育被要求通过举办各类公益性体育活动，服务社会大众，推动全民健身。政策的鼓励使得高校体育教育逐渐从校内向校外延伸，承担起更多社会责任，通过开展健身活动、体育赛事等形式，促进社会的身体健康，增强社会凝聚力。政策对高校体育教育的目标还关注国家综合实力的提升。政策明确高校体育教育应当成为培养具有创新精神和国际竞争力的高层次人才的重要途径。通过推动科技创新、培养创业人才等方面的体育教育目标，政策促使高校体育教育更好地服务于国家发展战略，为国家综合实力的提升做出积极贡献。

二、体育课程的改革

（一）体育课程改革的设计与规划

高校体育教育的课程改革是为了适应时代发展潮流和培养全面的、创新能力强的学生，规划课程改革是一项长期而深远的任务。课程改革的规划应当紧密贴合社会需求。社会在不断发展变化，其对高校毕业生的要求也在不断提高。因此，规划课程改革需要深入了解社会对人才的需求，紧密结合产业发展方向，调整和优化体育专业课程设置，以确保学生在毕业后能够更好地适应社会的需求。规划课程改革要注重跨学科和实践性。体育学科涉及多个学科领域，规划中应该强调体育专业与其他学科的有机结合，打破学科壁垒，促进知识的交叉融合。此外，注重实践性的规划能够使学生在学习体育专业知识的同时，更好地锻炼处身的实际操作技能，增强综合素质。规划课程改革需要强调对学生创新意识和实践能力的培养。随着时代的发展，创新能力成为高校毕业生的重要素质之一。因此，在课程设计中应注重培养学生的创新思维和实际操作能力，通过项目实践、实习等方式，让学生在实际学习中不断锻炼和提高。规划课程改革需要关注国际化和国际竞争力。全球化时代，国际视野和国际竞争力是高校体育教育所需追求的目标之一。通过引入国际先进的体育理念、教学方法，培养学生的国际化思维，提高他们在国际上的竞争力，是规划中的一个重要方向。在规划课程改革时，还需要充分考虑科技的发展对教育的影响。信息技术、虚拟现实等新兴科技的应用，可以使体育教育更具互动性和创新性。因此，在规划课程改革时，需要着重思考如何将科技手段融入体育教育，提升教学的质量和效果。规划课程改革需要注重其灵活性和可持续性。教育环境和社会需求都在不断变化，因此规划中需要考虑教育体制的灵活性，以适应未来的发展。此外，课程改革需要有长远的规划和可持续的推进措施，确保改革的效果能够持续发挥作用并适应未来的需求。高校体育教育的课程改革规划应当贴合社会需求、注重跨学科和实践性、强调创新意识和实践能力培养、关注国际化和国际竞争力、考虑科技发展对教育的影响、注重灵活性和可持续性。这样的规划才能使高校体育教育更好地适应时代发展，高校体育教育一直是教育体系中的重要组成部分，而课程改革则是在适应社会发展和培养学生综合素质的大趋势下的迫切需求。课程改革的设计不仅仅要关注运动技能的传授，更应当从全局的角度出发，考虑到对学生身心健康的培养、团队协作精神的塑造以及社会责任感的培养。这样的设计能够使高校体育教育更好地适应当代社会的要求，为学生提供更全面的成长平台。课程改革的设计需要充分考虑到学生的个体差异性，以确保每个学生都能够在体育教育中找到自己的兴趣和擅长之处。这需要将课程设置得更加灵活多样，注重个性化培养，使学生在体育领域中既能够追求自己的兴趣，同时又能够培养全面的体育素养。课程改革还要注重实践性教学的重要性。通过实际的体育锻炼和运动竞技，学生能够更好地理解课堂理论知识并能实际应用，提高自己的动手操作能力。这种实践性教学可以通过丰富的体育活动、比赛和实地考察等方式进行，使学生在实际操作中逐步掌握体育技能。课程改革的设计应当紧密结合社会需求，培养学生适应社会发展和变革的能力。面对社会多元化的挑战，高校体育课程应当注重培养学生的团队协作能力，使其在团队合作中学会倾听、沟通和协商。这有助于学生在团队工作中更好地发挥个人优势，与其他成员共同达到团队目标。课程改革的设计要关注体育教育的社会责任感。通过课程设置，引导学生关注社会问题，培养他们在体育领域中的社会责任心，通过自身的努力为社会的发展和进步贡献力量。

（二）师资队伍建设与培训

高校体育教育的发展离不开一个强大且具有高水平专业素养的师资队伍。师资队伍培训是保障高校体育教育水平不断提升的重要环节。通过定期的培训，教师们能够更新教育理念、熟悉最新的教育技术和理论，提高自身专业水平，更好地适应快速变化的教育环境。师资培训不仅仅是一种形式上的学习，更是一种对教师职业发展的重要支持。通过培训，教师能够拓宽自己的视野，深化对体育教育本质的认识。这不仅能够提高教师们的教学水平，更能够激发他们在教育事业中的激情和创造力。在师资培训中，需要注重实际教学经验的分享。教师们可以通过分享自己在教学实践中的成功案例和挑战，促进经验的共享和互相学习。这样的交流不仅可以激发教师们的创造力，还可以提高整个团队的凝聚力。培训课程应当紧密结合实际，注重实用性。培训内容应当贴近教育实际需求，强调实际操作，使教师们能够将培训所学的理论知识迅速应用于实际教学中。这样的培训更具实效性，能够真正提高教师们的教学水平。师资队伍培训还需要注重培养团队协作精神。通过组织团队活动、合作项目等形式，促进教师之间的相互合作和沟通。团队协作的培训有助于构建更加和谐、积极的师资团队，共同为学校的体育教育事业做出贡献。师资培训还应当关注体育教育的前沿发展和国际交流。通过了解国际先进的体育教育理念和方法，教师们可以更好地融入国际潮流，提高国际化视野，为高校体育教育的全球竞争提供更有力的支持。师资队伍培训是高校体育教育不可或缺的一部分。通过培训，教师们能够更新自己的知识体系，增强自身专业素养，促进团队合作，更好地适应快速发展的社会环境，为高校体育教育事业的不断发展贡献力量。高校体育教育的师资队伍建设是保障教育质量和推动学科发展的重要因素。构建强大的师资队伍需要注重多个方面的因素。师资队伍建设需要强调学科专业素养。教师是高校体育教育的中坚力量，他们的学科专业素养直接关系到教育质量。在建设师资队伍时，要注重引进和培养具有深厚学科知识的专业人才，使得师资队伍更具专业性和学科深度。师资队伍建设需要关注他们的实践经验和创新能力。体育教育是一门注重实践的学科，师资队伍的建设不仅要强调教师对学生理论知识的传授，还需要教师注重自身实际操作经验的积累。同时，要培养教师的创新能力，推动体育教育的发展与时俱进。师资队伍建设需要注重教学方法的创新。高校体育教育不同于传统的理论课程，更注重实践性和互动性。因此，在建设师资队伍时，要鼓励教师采用创新的教学方法，如案例教学、实践教学等，以提高教学效果和吸引学生的兴趣。师资队伍建设还需要注重团队协作和交流。体育教育是一个涉及多个领域的学科，需要教师之间的紧密合作和信息交流。因此，在建设师资队伍时，要鼓励教师之间开展团队协作，组织学科交流活动，促进师资队伍的整体发展。师资队伍建设需要关注对师德师风的培养。高校体育教育不仅仅是知识的传授，更是对品德的塑造。在建设师资队伍时，要注重培养教师的责任心、爱岗敬业的职业操守，使其成为学生学业和品德的良师。师资队伍建设需要充分利用现代技术手段。随着信息技术的发展，教育方式和手段也在不断创新。在师资队伍建设中，要充分利用现代技术手段，提升教师的信息化水平，更好地服务于学科发展和学生的学习需求。

（三）课程实施与学生参与度

高校体育教育的课程实施是一个既复杂又多层次的过程。在这个过程中，教师需紧密结合教学内容和学生实际需求，通过合理的组织和安排，使体育教育课程充满活力且具有吸引力。在实施课程时，注重灵活性和个性化，使每位学生都能够在体育教育中找到自己的兴趣所在。课程实施的核心是创造一个积极向上的学习氛围，激发学生的学习兴趣和潜力。教师在实施课程时应当注重启发学生的思维，通过富有创意的教学方式，使学生在积极参与中不断发现和解决问题。这有助于培养学生的探究精神和创造性思维。课程实施还需要注重实际教学的操作性。教师应当通过实际操作和实践活动，帮助学生将理论知识与实际运动相结合，提高他们的动手能力。实际操作的教学方式有助于巩固学生的理论知识，使他们更好地掌握体育技能。个性化的课程设计是提高课程实施效果的重要手段。教师在实施课程时，需要充分了解学生的兴趣和特长，根据学生的个性差异调整教学内容和方法，使每个学生都能够在体育教育中找到自己的位置。这有助于激发学生学习的积极性，提升教学效果。在课程实施中，教师还需注重对团队协作的培养。通过组织学生参与集体体育活动，培养学生的团队协作意识，提升他们的沟通能力，使他们在团队中更好地发挥个人优势，共同达成团队目标。课程实施还需要紧密结合社会需求和实际就业。教师应当引导学生关注社会问题，培养他们在体育领域中的社会责任心，通过自己的努力为社会的发展和进步贡献力量。课程实施是高校体育教育的关键环节。通过创造积极向上的学习氛围、注重实际操作和实践活动、个性化课程设计以及团队协作的培养，教师可以更好地实现高校体育教育的目标，为学生提供更为全面和有益的学习体验。高校体育教育的学生参与度是评价教学效果的一个重要指标。学生参与度的提高不仅关系到教学的效果，更涉及学生身心健康、团队协作等多个方面。学生参与度的提高需要体现在教学内容的设计上。教师在课程设计中应当充分考虑学生的兴趣和需求，使得教学内容更加贴近学生的实际情况，引发学生的浓厚兴趣。通过设置具有挑战性和创新性的教学内容，激发学生的学科热情，提高他们的学科投入度。学生参与度的提高需要通过教学方法的创新实现。传统的教学方式可能难以引起学生的积极参与，因此，教师应当采用多元化的教学方法，如小组讨论、案例分析、实践操作等，使得学生在学习过程中能够更加积极主动地参与进来，感受到学科的魅力。学生参与度的提高需要借助教学环境的营造。一个良好的教学环境能够激发学生的学习欲望。教室布置、设备配置等方面的合理设计，可以为学生提供一个愉悦的学习空间，增强他们的学科体验感。同时，创造积极、开放的课堂氛围也是提高学生参与度的关键。学生参与度的提高需要关注个体差异。不同学生具有不同的学科兴趣和学科水平，因此，教师应当灵活运用个性化教学方法，充分尊重和发挥每个学生的优势，激发他们的学科潜能。通过注重差异化的教学设计，能够更好地满足学生的个性化需求，提高他们的学科投入度。学生参与度的提高需要教师的积极引导。教师作为学科引领者，应当通过言传身教、榜样示范等方式，激发学生对学科的热情和兴趣。教师的引导作用不仅仅是知识的传递，更是对学生积极参与的引导和激励。

（四）评估与调整的机制建设

高校体育教育的调整机制建设是推动教育改革、提高教学效果的关键因素。建立有效的机制可以更好地促使高校体育教育适应社会发展需求、提升教育质量。机制建设需要注重信息反馈和评估。建立定期的信息反馈系统，能够及时了解学生对体育教育的需求和反馈，为教学调整提供科学依据。同时，建立科学的评估机制，对教学效果、教师表现、学生满意度等方面进行全面评估，为制定和调整教育政策提供数据支持。机制建设需要强调对教师的培训和激励。建立健全的教师培训体系，使教师能够及时了解最新的教育理念和方法，提高教学水平。同时，激励机制是重要的一环，通过设立奖励机制，激发教师的工作热情和创新精神，提高整体教学水平。机制建设需要重视学科交流与合作。建立跨学科的合作机制，促使不同学科领域的教师进行深入交流，实现知识的融合。通过建设学科共建共享的平台，推动高校体育教育更好地适应时代发展和知识更新的需求。机制建设还需要关注学生的参与和沟通。建立学生参与体育教育决策的机制，使得学生能够直接地参与教育改革。同时，建立畅通的沟通渠道，通过定期座谈、反馈会等方式，使学生和教师之间的沟通更加顺畅，促进双方的互动。机制建设需要强化资源整合和优化配置。通过建立统一的资源管理和分配机制，实现资源的合理配置，使得各方面资源能够更好地为教育服务。同时，优化资源利用效益，确保各项资源得到最大限度的发挥。机制建设需要强调长效机制的建立。建立健全的长效机制，能够使得高校体育教育在不断发展中保持稳定性。这包括长期的政策支持、长效的师资培养体系、长效的质量监控机制等，确保高校体育教育能够持续不断地适应社会需求和提高教学水平。高校体育教育的调整机制建设应当注重信息反馈与评估、教师培训与激励、学科交流与合作、学生参与与沟通、资源整合与优化配置、长效机制的建立等多个方面。只有在这些方面进行有机的结合，构建完善的机制体系，才能够更好地推动高校体育教育的发展和提升其教育质量。高校体育教育的评估机制建设是一项复杂而重要的工作。通过建设合理有效的评估机制，可以全面客观地了解学生的学习情况，检验教学效果，为提升教育质量提供科学依据。评估机制的建设需要注重全过程、多角度和多层次的考量，使之更贴近实际需求，更符合高校体育教育的特点。评估机制建设需要重视评估内容的科学性和全面性。评估内容应当涵盖学生的各个方面，包括运动技能水平、身体素质发展、团队协作精神、社会责任感等多个维度。这有助于全面了解学生的发展状况，为有针对性地进行教育改进提供基础。评估机制的建设需要关注评估方法的多样性和灵活性。评估方法应当包括定量和定性两种方式，既要有科学客观的测试和测量，也要注重教师对学生的观察和综合评价。这样的多元评估方法可以更全面地了解学生的实际水平和潜力。评估机制的建设还需要注重学生的自我评估和对同伴评价的引入。通过培养学生的自我认知和自主学习能力，可以更好地促使其发现自身的优势和不足。同时，同伴评价有助于建立团队协作和互助学习的氛围，增强学生间的相互促进和共同发展。评估机制建设还需注重时效性和动态性。评估过程应当贯穿整个学期，通过定期的测试和评价，及时发现学生在学习中的问题和困难，为教学调整提供及时反馈。这有助于教师及时调整教学方向，更好地满足学生的需求。在评估机制建设中，还需要注重对教师团队的培训和提升。教师是评估的主体，其专业水平和评估能力直接关系到评估的有效性。通过教师的培训，提高其评估水平和教学改进能力，有助于形成科学、有效的评估机制。

参考文献

［1］张慧艳.高校体育本科专业理论课程对分课堂教学模式应用效果研究［J］.冰雪体育创新研究，2023（17）：37—39.

［2］曹媛媛.南京市高校公共体育课教学范式的优化研究［D］.南京：南京体育学院，2022.

［3］肖丽，戴俊.大学体育与健康教程［M］.南京：南京大学出版社，2021.

［4］王玮.新冠肺炎疫情背景下山东省普通高校线上公共体育教学困境与反思研究［D］.曲阜：曲阜师范大学，2021.

［5］方可.近二十年我国体育教学研究热点、知识基础及演进趋势的可视化分析［D］.西安：西安体育学院，2021.

［6］李加鹏，王嵘，苏利强，等.高校体育运动损伤现场救护技能教学研究［J］.福建医科大学学报（社会科学版），2020（04）：84—88.

［7］程昕，王永翔.大学体育基础教程［M］.南京：南京大学出版社，2020.

［8］任静涛.运动技能标准下高校公共体育排球课程单元目标教学设计［J］.当代体育科技，2019（32）：186—187.

［9］刘聪颖.基于文献计量学对我国体育教学研究领域的知识图谱构建与分析［D］.天津：天津体育学院，2019.

［10］母庆磊.运动技能迁移规律在高校体育教学与训练中的应用研究［J］.体育风尚，2019（4）：160.

［11］贺梅霞，李伟.分层教学法在普通高校体育课教学中的实证研究［J］.智库时代，2018（36）：81—82.

［12］杨佳润.2007—2017年我国体育教学研究的文献计量学分析［D］.

吉首：吉首大学，2018.

[13] 刘宇轩."学术型"乒乓球等级标准比较研究 [D].天津：天津师范大学，2018.

[14] 徐传明，张国尧.基于CDIO教育理念的高校公共体育课程开放式运动技能教学策略改革 [J].体育世界（学术版），2017（5）：124—125，123.

[15] 赵嘉宜，李广学.运动技能迁移规律在高校体育教学与训练中的应用研究 [J].科技资讯，2016（34）：154—155.

[16] 武一康.高校展开户外休闲运动的策略研究 [J].湖北函授大学学报，2016（12）：114—115.

[17] 卫荣辉.高校体育教育专业排球专选课教学研究：兼评《运动技能与体育教学》[J].云南财经大学学报，2016（3）：161—162.

[18] 张亚静.从运动技能角度研究高校体育教学：评《运动技能和体育教学》[J].中国学校卫生，2016（4）：641.

[19] 姚德一.高校体育教学中运动技能较差群体小班教学的实验研究 [J].品牌，2015（5）：221.

[20] 章玮.再论高校体育课程的运动技能教学 [J].考试周刊，2015（32）：104.